湛庐CHEERS

与最聪明的人共同进化

HERE COMES EVERYBODY

CHEERS
湛庐

[日] 园部浩司　著　　李司阳　译

消灭一切无聊的会议

ゼロから学べる!
ファシリテーション超技術

浙江科学技术出版社 · 杭州

测一测

如何让会议变得高效?

扫码加入书架
领取阅读激励

- **为保证会议卓越、有成效，会议组织者需要引导所有参会人员对问题进行白热化的讨论，这是对的吗：（单选题）**

  A. 对

  B. 错

- **在专题会议中，解决问题的基本思路是：（单选题）**

  A. 直接提出解决方案

  B. 由领导直接决定

  C. 通过激烈争论达成共识

  D. 先找出问题原因，再讨论解决方案

扫码获取全部
测试题及答案，
一起了解如何召开
高质量的专题会议

- **当会议中没有人主动提出意见或解决方法时，最有效的方法之一是：（单选题）**

  A. 参会者依次轮流发言

  B. 会议中职位最高的人发言

  C. 会议主持人点名要求发言

  D. 搁置问题，下次再议

扫描左侧二维码查看本书更多测试题

重塑会议文化，唤醒组织生命力

刘向东
组织健康专家

在企业的日常运转中，开会几乎与“低效”“冗长”“疲惫”画上了等号。每次会议结束时，参会人员常常一脸困惑地离场：我们究竟讨论了什么？结论是什么？在过去的二十年中，我参与过上千场企业会议，见到过很多因“无聊”而失效的沟通场景。这些会议不仅消耗了组织的时间成本，更侵蚀了团队的创造力与凝聚力。因此，当我读到《消灭一切无聊的会议》一书时，一下子就被其中切中要害的洞察力与实操价值所吸引。这本书不仅是一本工具书，更是一场关于会议文化的革命宣言。

从“无聊”到“有效”，重新定义会议的核心矛盾

许多人觉得开会效果不好是因为“无效”，但实际上“无聊”才是扼杀会议生命力的“隐形杀手”。无聊是员工在低挑战、低意

义任务中产生的认知脱节状态，而会议的单调流程、冗长发言和缺乏参与感，恰恰放大了这种主观体验。

“无聊”与“无效”不是同一个概念，在儒家文化的影响下，东亚企业经常将会议当成“流程合规”的形式，却没怎么考虑参会人员的感受。例如，日本会议文化追求高效，但因过度强调流程的正确性，反而压抑了冲突与创新。这种正确但沉闷的会议模式，在国内企业中同样普遍存在。

值得注意的是，有些会议表面上好像达成了目标（如流程审批），但参会人员的消极态度会为后面的执行埋下隐患。因此，这本书主张将“消灭无聊”当作会议设计的首要原则，不再一门心思地追求效率指标。这意味着让我们跳出“技术至上”的误区，将人性化体验实实在在放在会议设计的核心位置。

开好专题会，让会议成为组织效能的“放大器”

在明确了会议的核心矛盾后，我们自然会思考：如何将会议从“无聊”中解脱出来转化为提升组织效能的有力工具。专题会，作为解决复杂问题、推动项目进展的关键环节，正是这一转变的最佳切入点。它的价值不在于“开得多”，而在于“开得透”。

首先，专题会的核心在于以手术刀般的精度切割目标，将模糊的“讨论”转化为行动。它不是简单地讨论问题，而是要明确找到问题的解决方案并确定责任人。一些制造业企业会将议程细化为“10 分钟数据同步、20 分钟根因投票、30 分钟方案对抗、10 分钟责任状签署”，倒逼参会人员从“带耳朵”变为“带脑子”，有效避免“议而不决”等问题。

其次，专题会的高效运行离不开专业的引导技巧。许多企业误把引导技巧等同于即兴发挥，但实际上高效的引导需要像工程师一样严谨。与市面上其他会议相关的书不同，这本书将复杂的引导技术转化为可复制的工具。在收集意见环节，作者独创的“KJ 法”令人耳目一新，仅用 20 分钟就完成多条用户痛点的采集归类，效率远高于传统讨论方式。书中决策矩阵、MECE 法、5W1H 分析法的实战应用，也印证了工具化思维对会议实效的颠覆性提升。

最后，专题会的目的是解决问题，而书中提出的问题解决流程（发现问题、分析原因、选定解决方案、制订工作计划）为会议提供了清晰的思路和方法。会议组织者可以按照这一流程，逐步引导团队成员制订出切实可行的行动计划。这种系统化的思考和讨论方式，能够有效避免盲目决策和无的放矢的讨论，让专题会真正成为解决问题的高效平台。

超越技术，会议是文化变革的杠杆

会议也是企业文化的缩影，若一场会议充斥着等级压制、空话套话，其背后必定是僵化的组织生态。反之，若会议能鼓励平等发言、高效决策，便潜移默化地推动了信任与协作的文化。

本书更深层次的价值在于揭示了会议与文化演进的共生关系，为企业提供了一种改变会议文化的可能。当一家企业开始推行“会前必发议程、会后必有行动项”的规则时，本质上是在重塑承诺文化；当管理者鼓励会议上“质疑假设”而非“服从权威”时，实则在推动扁平化治理。

这种文化的变革并不是简单的流程调整，需要有耐心，一步步来。本书提供了渐进式的优化路径：可以从一场专题会的流程优化开始，到跨部门协作的规则重建，最终渗透至组织习惯的方方面面。这种“以小见大”的策略，正是中国企业所需的务实智慧。

值得一提的是，本书不是单纯强调引导技术的专业书，而是唤醒组织生命力的会议管理工具。不管你是职场新人，还是资深管理者，只要你厌倦“无效内耗”、渴望提升工作效能，它能帮助你成为“会议生态系统”的设计师，构建一套完整的会议管理体系。

当我们以专业、务实且具针对性的态度对待会议时，那些曾令人昏昏欲睡的时刻，将转化为激发创新、凝聚共识的场景。期待这本书能陪伴更多中国企业，将“无聊”的会议室变为“有趣”的变革发源地。

高质量的会议是什么样的

亲爱的读者，在参加会议时，你是否遭遇过以下这几种情形：

- 会议持续时间过长。
- 参会人员意见不统一，没有讨论出结果。
- 会议讨论偏离主题。
- 没人提意见，或提出的意见不诚恳。
- 会议整体氛围差。
- 会议主题或目的不明确。
- 有人讲话拖沓，每个人的发言时长不均等。
- 有人总是提出消极意见或否定性意见。
- 会前准备不足。
- 有人在会议中做其他事情。

此外，如果你担任过会议组织者，引导过会议流程的话，是否产生过这样的疑问：我是否应该在这个时候发言，引导大家？

以上这些情形都是我在研讨会、进修班上从 6 000 位商界人士那里收集到的、与会议有关的真实反馈。

我在日本电气股份有限公司任职期间，曾在一年内组织过 1 000 多场会议。然而，当时的我并没有认识到会议组织者的工作本质，而是将这份工作单纯地理解为推动会议的进行，以至于每天为了应对接踵而至的会议忙得团团转。

为了掌握有关知识，我也会去阅读一些与会议引导技巧相关的书籍，并参加以会议为主题的工作坊，借此了解相关知识。但在开会的时候，我还是会独断专行，当参会人员意见不统一时，也不进行协调，而是强行实施自己的方案。这种做法遭到了大家的强烈不满。一位女性下属还直接对我提出了意见："园部先生在做决定时完全不顾及大家的心情，这样下去就没人愿意听从您了。"她的这句话让我意识到，自己过于执着于会议本身，却忽视了与周围人的交流。

值得庆幸的是，会议组织者的身份倒逼我直面自己，在困境中逐渐摸索出了一套推动会议高效运行的方法。

当今时代，通过运用 AI（人工智能）等先进技术，人们的工作效率得到质的飞跃，但在这个巨大变局中，很多会议却未同步实现质量的提高。

这个问题产生的原因在于，大多数人根本不知道什么样的会议才是高质量会议。

在日本，一提到会议，人们联想到的往往是唇枪舌剑的国会会议、各抒己见的讨论节目，但这些都不是能引发建设性意见的讨论模式。

在此，我想明确地提出：**在会议中，参会人员不要使讨论白热化。**

有人认为卓有成效的会议背后一定暗含着人们的激烈争论，其实这种想法大错特错。人们之所以会在会议中进行激烈争论，无非是为了证明自己的意见是对的。假设会议中两个人意见相左，但最终只能采纳其中一人的方案，那么这两个人都会极力主张自己观点的正确性，对此展开一场拉锯战。而在这种对错交织的争辩中，会议讨论也许会越来越偏离主题。

矛盾双方喋喋不休，会议时间被无限拉长，其他参会人员被晾在一边，现场气氛越来越沉重，最终会议未能达成一致意见，只得再做打算或由领导拍板决定。在这种局面下，大家一定会在心里抱怨道："真是浪费时间。"没有实际意义的会议开起来没完没了，导致参会人员感到不适。

也有人会说："我们公司的氛围就很好，大家都能和和气气地讨论，最终得出建设性意见。"我并不否认在良好的氛围之下，会议能够顺利地进行。然而，无论多么和谐的会议，也难以高效协调众人的意见，最终往往还是会显现出参会人员意见无法达成统一、会议耗时过长等问题。

为什么会产生这种情况呢？

简单来讲，是因为人们在毫无铺垫的情况下便急于寻求解决问题的方案。例如，当面对“探讨销售额走低的原因”这一会议主题时，想必大部分人想表达的都是“为了使销售额回升，应该怎样做”，也就是解决方案。但是，有效的讨论应该遵循正确的推进顺序，有一个明确的流程。参会人员一上来就大谈特谈解决方案，会议讨论出的结果往往很难真正落地。

那么，高质量会议应该是什么样的呢？答案其实很简单，我们将前文列举出的人们在会议中遭遇的几种情形反过来描述就可以了。具体如下：

- 会议按时结束。
- 参会人员意见统一，讨论出结果。
- 会议讨论紧靠主题。
- 参会人员积极提意见，且意见诚恳。
- 会议整体氛围良好。
- 会议主题或目的十分明确。
- 参会人员发言简练。
- 没人提出消极意见或否定性意见。
- 会前准备充分。
- 每个参会人员都很专注。

将这些情形进行简单的整理后，我总结出如图 0-1 所示的高质量会议的 3 个条件。

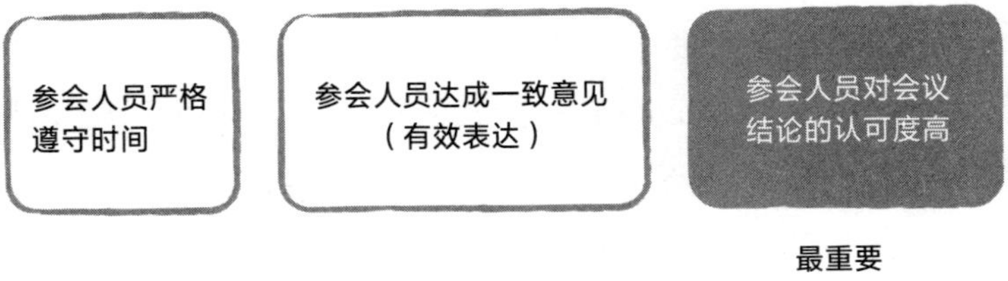

图 0-1　高质量会议的 3 个条件

如果一场会议不能同时满足以上 3 个条件的话，就不能被称为高质量会议。会议能够按时结束、得出结论固然重要，但最重要的一点是，参会人员对会议结论的认可度高。人如果不认可一个观点的话，是不会采取下一步行动的，因此参会人员对会议结论认可度的高低关系着员工能否在会议结束后将会议精神落实到工作中。

或许作为读者的你会有以下担忧：

> 部长说话太啰唆，不知道会议什么时候能结束。
>
> 公司的员工都非常注重自己的想法，意见很难统一。
>
> 好多人认为领导的意见就是“圣旨”，照做就是了，有意见也只能在心里憋着。估计以后也不会有所改善……
>
> 我们公司的会议也做不到这几点。

有以上类似担忧的读者们，不必太过担心。只要你读过本书，这些问题都能迎刃而解。

参与过众多企业会议的我如今作为专业的会议组织者，承担着会议流程引导和会议改革等指导工作。此外，我还开展了与掌握问题解决能力、培养下一代领导者等主题相关的培训，每年会接收几千名学员。无论是高层管理者、项目负责人，还是年轻的管培生，各年龄层的员工都有可能在会议中承担组织者的角色。如果提前通过阅读本书掌握会议引导技巧及会议组织者工作的本质，我们就能在短期之内胜任工作，举办出令人满意的会议。

此外，学习会议引导技巧还能让我们显著体会到工作的乐趣。无论是业务部门的对策讨论会，还是改善工作环境的专题会，会议组织者都要做到听取各方意见，从中寻找正确答案。在这个过程中，团队成员及其他相关人员要朝着同一个目的讨论，只有这样，会议才能收集到有用的意见与建议，推动工作的改善。

孤军奋战，解决不了任何难题；集思广益，才能找到答案。在组织会议的过程中，我深刻体会到了信赖伙伴的重要性。正是当我意识到自己没必要独自承受所有的问题，并做出改变后，我的人际关系才得到了明显的改善。同样，也有人在认识到这一点后，直接转变了自己对待工作的态度。无论遇到多么棘手的问题，我们都应该自信地去应对。有同事们的帮助，问题就一定能够得到妥善的解决。

学会会议引导技巧不仅能使我们的工作得到改善，还能为我们的人生带来翻天覆地的变化。我们每个人最希望看到的，就是通过对引导技巧的运用，自己能帮助公司更为灵活地运转，提升工作效率，并取得成就。

目　录

ゼロから学べる！
ファシリテーション
超技術

第 1 章

深刻理解会议组织者的重要性

会议不需要白热化的讨论。

我认为有 7 种能力能够帮助我们解决工作中出现的问题，这 7 种能力分别是：策划能力、演讲能力、项目管理能力、引导能力、逻辑思考能力、沟通能力和人格魅力，如图 1-1 所示。

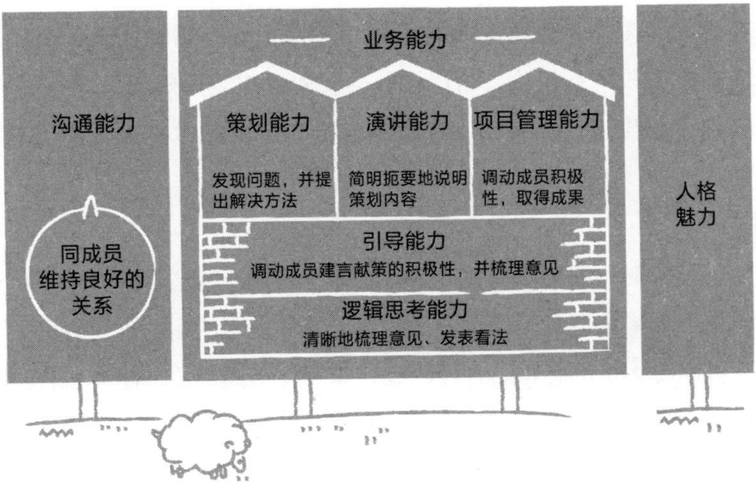

图 1-1　解决问题必备的 7 种能力

策划能力指的是我们发现问题、解决问题的能力；如果要将策划方案简明扼要地向上司及相关人员汇报，我们就需要发挥演讲能力；策划方案通过后，我们要组建团队，凝聚众人的力量并将其发挥到极致，去完成工作，这一过程考验的是我们的项目管理能力。

引导能力，指的是我们为保证各项工作平稳进行而应该具备的基本能力。

策划项目时，只靠一个人是无法制订出解决方案的，因此我们需要组建团队，召开会议进行沟通。制作演讲材料时，我们同样需要收集团队成员的意见。而在从策划通过、项目启动到提交成果的这一段时间内，对工作流程的引导是必不可少的，因为工作方式、工作进度等一系列问题会不断出现，需要团队成员不断通过会议进行讨论。可以说，会议质量与工作效率呈正相关。从这个角度上讲，我们在工作中需要具备的基本能力就是引导能力。

开会时，我们会运用逻辑思考能力来梳理众多意见与建议。但是，如果我们在工作中只发挥以上几种能力的话，难免会给人一种冰冷无情的感觉。曾经的我一味专注于提升业务能力，直到35 岁才意识到自己欠缺一个关键的能力，即沟通能力。

沟通不足，即便精进了业务能力，我们也不能顺利地完成工作。沟通能力的基础在于人与人之间的信任，所以我们应该进一步增强自己的人格魅力，让其他人愿意加入团队，共同奋斗。

只有均衡发展这 7 种能力，我们才能在工作中妥善解决各种问题。其中，引导能力是推动工作整体运行的基础，处于核心的地位。在意识到这一点的同时阅读本书的话，你就能够清晰地认识到引导技巧在工作中所起到的重要作用。

会议组织者能够起到什么作用呢？以下定义给了我们一个初步的答案：

- 会议引导 = 推动会议高效进行。
- 会议组织者 = 承担引导工作的人。

具体来说，**会议组织者的任务是引导会议议程、营造良好氛围、调动参会人员的积极性，以推动会议高效进行**。因此，会议组织者必须具备以下 3 种能力：

- 会议策划能力。
- 会议引导能力。
- 氛围营造能力。

想必很多人对会议引导的概念有一定的了解，但大多数人都将其简单地理解为按照流程推进会议，这其实是一种过于片面的理解。实际上，**引导会议的核心是推动会议高效进行**。因此，会议组织者并不是单纯地跟进整场会议就万事大吉了。正确的做法是，他们应该在议题确定的那一刻起就马上行动起来，思考推动会议高效进行、带动参会人员发表意见的方法。

为此，会议组织者应提前设计会议议程，敲定会议细节，预测会议结论。会议当天，会议组织者要调节现场气氛，使大家都能畅所欲言，同时严格控制时间，确保会议按时结束。在这一过程中，有很多要点需要注意，但只要掌握一定的技巧，我们就可以从容地引导会议的进行。

会议组织者应具备的 3 种能力

会议策划能力

会议组织者的职责远不止单纯按流程推进会议这么简单。他还需要明确会议召开的必要性和目的，有针对性地安排会议议程（见图 1-2）。议程内容要涉及会议的方方面面，如讨论步骤、讨论方式等，以确保讨论结果得到参会人员的一致认同。

会议策划是会议组织工作中极为重要的一个部分，决定着会议的成败。本书将在第 2 章中详细介绍策划会议议程的方法。

会议引导能力

会议当天，会议组织者应严格遵循既定议程推进会议，提醒发言人按顺序发言，梳理参会人员的意见，精准把控时间，将议程上列出的任务逐项完成。然而，在实际会议中往往会出现意想不到的情况，这时就需要会议组织者随机应变，将会议进程引入正轨，以实现会议目的。

项目	详细信息
会议名称	改善工作环境讨论会（第一次会议）
时间 地点 参会人员 会议组织者	20××年×月×日 13:00—14:00 ××会议室 改善工作环境讨论会成员（共计5人） 讨论会组长兼任会议组织者
会议目的	确认工作环境差的问题是否真实存在

会议内容		时间表		
		时间段		时长
1. 开场				
• 介绍会议议程 • 破冰（一句话表达对会议主题的想法） • 前情回顾（本场为第一次会议，省略）	说明 分享	13:00 13:03	13:03 13:05	3分钟 2分钟
2. 共享信息				
• 讨论会背景（回顾）	说明	13:05	13:10	5分钟
3. 内容讨论				
• 工作环境现状 →形成文字并进行分类	发言 整理	13:10 13:20	13:20 13:25	10分钟 5分钟
• 理想工作环境 →形成文字并进行分类	发言 整理	13:25 13:35	13:35 13:40	10分钟 5分钟
• 找差距，收集意见	讨论	13:40	13:50	10分钟
4. 总结				
• 找到目标，确定结论 • 分配任务 • 回顾并分享心得	事项确认 事项确认 分享	13:50 13:53 13:55	13:53 13:55 14:00	3分钟 2分钟 5分钟
会议结束				

图 1–2　会议议程示例

其他参会人员不需要关注会议议程，但应该积极参与讨论、踊跃发表意见。会议组织者与其他参会人员各司其职，会议才能达成既定目标。

氛围营造能力

如果在会议中，会议组织者眉头紧皱、一脸苦相，参会人员双手抱胸、紧靠椅背，可以想见，会议的气氛一定是压抑的。当上司和下属同时出席会议时，前者确实会对后者产生一种权力压迫。有的上司总是认为下属的能力不足，往往听不进下属的意见，会表现出不耐烦。

这时，会议组织者可以站出来，引导大家平等地发表意见。关于氛围营造的要点，本书将在第 7 章中进行详细介绍。

明确会议目的，才能组织好会议

让我们思考这样一个问题：为什么要开会呢？人们一般会出于以下几个目的召开会议：

要提高销售额！
如何才能降低成本？
有更好的解决方式吗？
企业战略是什么？
如何解决这个课题？

如何处理客户的投诉？

人才培养方案怎么确定？

新品发售日定在哪一天？

这些目的基本上与公司经营和业务部署有关。我将会议划分为 5 种（见图 1-3）。只有深刻理解这 5 种会议的特征及目的，我们才能将会议引导技巧运用得游刃有余。

深刻理解 5 种会议

报告会

这类会议指部门会、小组会等需要定期举行的会议，主要目的是共享信息，会议一般由领导发言，向员工说明公司运转情况，明确各类文件的提交日期，并敲定重要事项。员工之间也可以就关联业务在会议上进行沟通。

工作推进会

这类会议包括业务推进会、预算推进会、项目推进会等多种形式，其主要目的是让领导掌握员工的工作情况。这类会议通过信息共享和行动公开，可以显著减少员工之间的沟通成本，从而促进工作效率的提高。

不过，需要提醒的是，这种会议有时会出现一些意外情况，这是因为在实际工作中，员工难免会遇到与计划不一致的情况，而当他们在会议中提到这方面内容时，领导却往往会突然打断，开始进行指导。

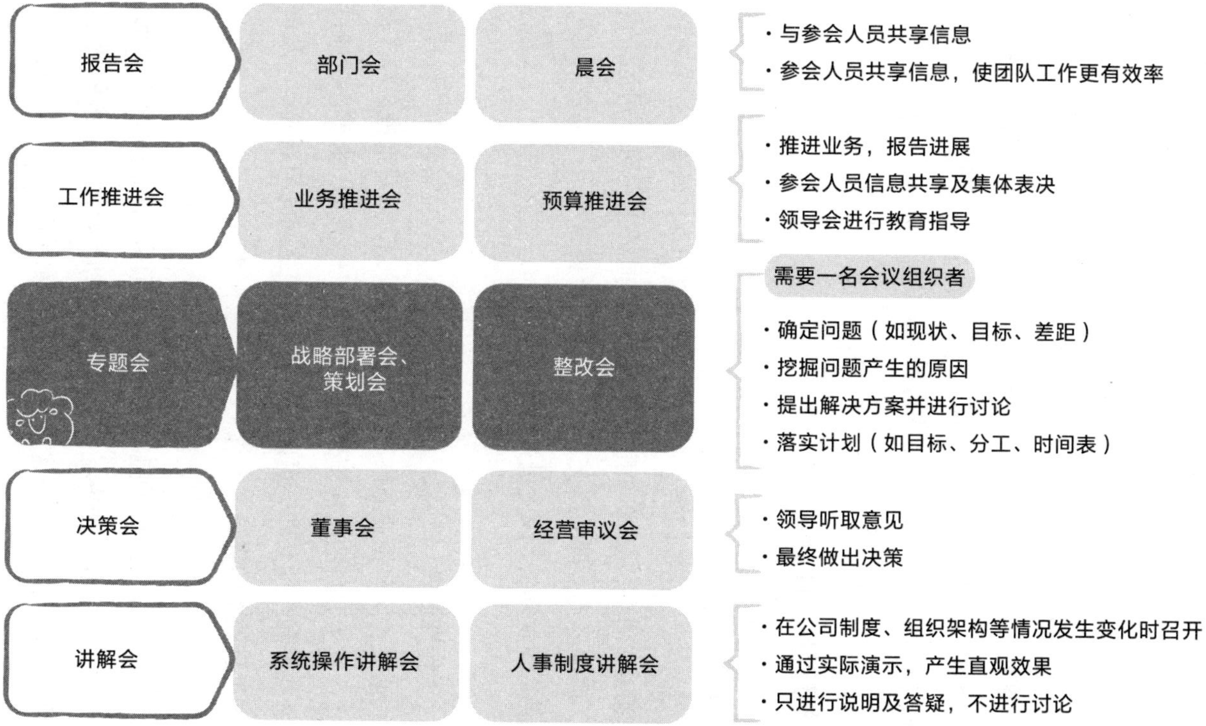
报告会
部门会
晨会
·与参会人员共享信息
·参会人员共享信息，使团队工作更有效率
工作推进会
业务推进会
预算推进会
·推进业务，报告进展
·参会人员信息共享及集体表决
·领导会进行教育指导
专题会
战略部署会、策划会
整改会
需要一名会议组织者
·确定问题（如现状、目标、差距）
·挖掘问题产生的原因
·提出解决方案并进行讨论
·落实计划（如目标、分工、时间表）
决策会
董事会
经营审议会
·领导听取意见
·最终做出决策
讲解会
系统操作讲解会
人事制度讲解会
·在公司制度、组织架构等情况发生变化时召开
·通过实际演示，产生直观效果
·只进行说明及答疑，不进行讨论

图 1-3　5 种会议

有时，领导会要求发言者当场给出问题的解决方案，如果对发言者提出的方案不满意，领导还会继续对发言者进行指导，这样一来，会议时间一定会被大幅度拉长。这种近乎一对一式的交流一旦出现在会议上，其他参会人员就只能被晾在一旁。当然，也有可能出现所有人为一个人讨论解决方案的情况，但因为没有在一开始就决定好会议的走向，很多参会人员就会消化不良，积极性稍显不足。

专题会

这类会议主要以讨论的方式进行，有时也被称为碰头会。在会议中，参会人员可以就业务策划、工作整改、推进方案等议题自由发表意见，所有人集思广益，确定方案。

这类会议有时会引发很多问题，令人难以应对，如参会人员意见不统一、结论不明确、发言积极性不高、“裹脚布”式演说、惯性否定、会议目的不明确、无关人员干涉、会议发起人准备不足等。可以说，**专题会是最难顺利进行的会议，因此必须配备会议组织者来引导会议。**

专题会可以按性质划分为以下 3 种：

- **战略部署会：**旨在探讨和确认公司业务发展方向的会议，议题包括市场情况、竞争公司状况、公司优势分析、组织编制、业务版图、经营前景等。从把握组织现状、提出发展目标的角度来说，战略部署会的作用是解决问题。

- **策划会：** 指着眼于解决特定问题、创造新价值的会议。参会人员可以畅所欲言，就产品促销方案、活动计划、新品开发、内部刊物制作、招聘流程、制度设计等议题提出建议与看法，在轻松的氛围下激发员工的创造力。中层以上员工参与的跨部门协调会也属于策划会。
- **整改会：** 指以改善工作流程为主要目的的会议，议题包括成本控制措施、无纸化办公方案、业务流程改善、办公用品管理方案等内容。通过研讨，参会人员能够发现工作流程中的不合理之处，从而进行调整，使之趋于合理。整改工作无尽头，提高永远在路上，会适时进行整改的公司往往都具有极强的竞争力。

决策会

这类会议的主要目的是对决议草案进行讨论和表决，包括董事会和经营审议会。一般来说，会议中所提出草案在会前就已经得到了人们充分的认可，所以会议现场的参会人员一般不会有意见上的分歧。

讲解会

这类会议的主要目的是向员工传达公司在规章制度、组织架构等方面的最新变更，包括制度变更和新工作系统引进等内容。这类会议一般采用主讲人发言加现场答疑的模式，基本上不涉及与参会人员之间的讨论环节。

会议增多的原因

如今，员工通过协同办公软件进行联络和报告的情况越来越多，人们不用线下碰面就能完成沟通，大大提升了工作效率。但奇怪的是，会议召开的数量却不降反升。

在工作中，我们总会遇到各种各样的问题，如销售停滞，业务发展受阻，组织或人事制度不合理，上下级价值观念不统一，运营能力、技术实力和经营能力不足等。这些问题阻碍了成果的产出，所以会议越开越多，且多为专题会。其他类型的会议也有可能暴露出问题。例如，我们或许会在工作推进会中发现之前没有发现的不足之处，为了加以解决，会将该会议直接转变成专题会。

对于前面提出的“为什么要开会”这一问题，想必大多数人的回答都是“为了解决一些特定的问题”。而在我看来，开会的目的和我们的工作方式有关。如今，人们的工作基本可以被分为3种类型：体力工作、作业型工作和脑力工作。

当前，人工智能的出现已经对人们的工作方式带来了巨大的影响，也间接地影响了会议的形式。大多数体力工作已经被机器取代，很多任务不再需要一线人力。作业型工作也是一样，整理发票等事务类工作分别在电子办公时代和人工智能时代迎来了两次变革，需要人工整理的情况越来越少。如今，电脑软件设备已经可以通过机器人流程自动化独立完成一些重复性工作。金融行业就是一个典型的领域，人工智能技术已经直接导致了各大银行频繁的裁员。

随着体力工作、作业型工作的减少，解决问题的脑力工作就会有所增加。怎样改善现状、怎样进行变革等原本应由管理层考虑的问题逐渐下移，给普通员工带来了展现自我的机会。

本书充分考虑到上述时代背景，以专题会为中心，细致地讲解了会议的引导技巧。这些技巧也可以被应用到其他类型的会议中，各位读者按部就班地进行学习即可。

● 会议精进秘籍

领导者是否可以兼任会议组织者

常常有人问我，在会议中，是由领导者兼任会议组织者好呢，还是请一个人专门担任会议组织者好呢？很多人担心领导者难以保持中立的态度，会不自觉地偏向自己的意见，并迫使别人赞成，但我认为，由领导者兼任会议组织者是一个不错的选择。

原因十分简单。领导者往往是会议的召集人，负责决定议题、收集员工意见、设定建议方向等工作，如果他兼任会议组织者的话，能够推动会议更加顺利地进行。

当然，迫使别人赞成某个决议这一问题解决起来确实比较困难，因为领导者作为主要责任人，天然就会对下属有所约束。

因此，我希望领导者时刻牢记，包容是会议成功的条件之一。比起通过自己独断专权得到的结论，所有参会人员都认同的提案才能带来更为丰硕的工作成果。如果能够意识到这一点，那么领导者就能在保留自己观点的同时，充分尊重其他人的意见和建议，从而更容易得出全体参会人员都认同的决议。

当然，领导者也可以主动承担会议组织者的工作。

ゼロから学べる！
ファシリテーション
超技術

第 2 章

会议议程的质量决定了80%会议的成败

如果30分钟以上的会议没有议程，
那就绝不参加。

按照时间顺序，会议基本流程大致可以被分为会前和会中两个部分。

会前制定议程，会中营造氛围

会议议程及会议组织者的职能如图 2-1 所示。

会前

会前，会议组织者需要根据主题设计会议议程，周密地构思会议目的和讨论方向等内容。此外，会议组织者要将议程中各项任务的时间点明确到分钟，方便他人清晰地了解当日会议的进行方式，以及参会人员意见的整理方法。

为了节省参会人员的时间，会议组织者一定要提前准备好会议议程。对于讨论问题的会议，会议议程中要体现讨论的顺序、能得出结论的讨论方式，以及让参会人员一致认同的解决方式。在制定会议议程的同时，还要确定会议目的。

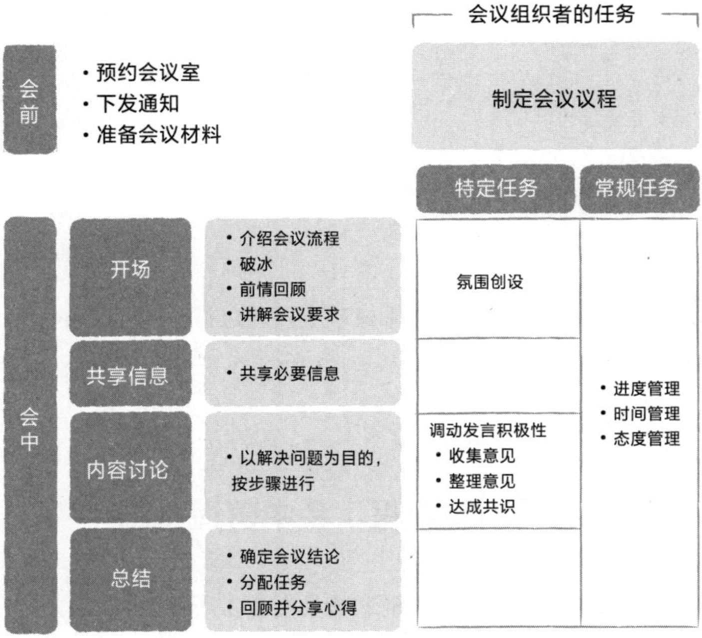

图 2-1　会议议程及会议组织者的职能

会中

会中，会议组织者在按照议程推进会议的同时，还要积极营造轻松的氛围，为参会人员表达心声创造条件。只有这样，人们才能在会议中找到问题的根源所在，提出合理对策，达成统一意见。如果找到结论后，参会人员还有时间进行回顾总结的话，那就说明会议组织者的工作十分到位。本章将详细讲解会前和会中的引导技巧。

调动发言积极性的 3 个步骤

为了调动参会人员的发言积极性，让他们提出更多的建设性意见，会议组织者需要充分掌控讨论的推进方式。讨论流程一般分为 3 个步骤：收集意见、整理意见以及达成共识（见图 2-2）。

图 2-2　讨论流程

步骤 1：收集意见

现在网上搜索引擎这么好用，为什么大家还要聚在一起开会呢？答案非常简单，因为每个人都有网上搜索不到的信息。一线员工往往掌握着最全面的消息，如客户情况、职场情况、行业风口和市场蓝海等。所以，企业的重要信息不在网络上，而是在员工的大脑中。

因此，引导参会人员提供这些信息对会议组织者来说至关重要。参会人员在有限的时间内提供的有效建议越多，就意味着会议越成功。

步骤 2：整理意见

整理意见也是会议组织者的主要职责之一。只有将众多信息进行有序的整理，才能够进一步做出合理决策。其中，将信息可视化是整理信息的有效手段。对于那些汇集了许多信息碎片的会议，若不对讨论内容做可视化分类，就无法进行有效的整理，从而难以得出下一步决策。本书将在第 5 章中详细论述意见整理的方法。

步骤 3：达成共识（确定工作目的）

在会议组织者收集并整理意见后，参会人员需要最终达成共识，确定工作目的。共识的达成取决于参会人员对决议的认可。

会议议程的每一项都必须条理清晰

会议议程是保障上述流程顺利进行的必要条件。我曾给自己定下这样一个规矩，如果一场时长 30 分钟以上的会议没有会议议程，那就不参加。会议议程就是这么重要。

每当我在培训课上提出这个我一直在遵守的规矩时，总会有人积极地表示自家公司一直都在认真地制定议程。不过，他们所说的议程一般如图 2-3 所示。这类会议议程其实是不合格的，因为制作该议程的会议组织者根本没有认清会议的目的。

如果召开会议是为了讨论工作环境的改善方案，那就说明公司现在的工作环境并不乐观，因此该会议首先要完成的任务是查明造成这一现状的原因。然而在这个会议议程示例上，并没有体现查明原因这一步骤。

时间：×月×日（周一）13:00—

地点：××会议室

参会人员：改善工作环境课题组成员

议题：

・讨论工作环境的改善方案

・确定工作任务

・确定计划并分配任务

图 2–3　常见的会议议程示例

另外，工作任务也不是简简单单就能被大家确定下来的，确定计划和分配任务也是如此。大多数公司只是设计一个粗略的议程就急忙召开会议，即便有人提出了解决方案，也得不到其他参会人员的认可。最后，会议只能草草收尾，没有做出任何有效的决策。

而我所制定的会议议程，一般包括以下几个方面的内容（示例见图 2–4）：

- 会议名称：写入会议名称。
- 会议基本信息：写入时间、地点、参会人员、会议组织者。

- 会议目的（十分重要且必要）。
- 会议内容。
- 时间表。

项目	详细信息
会议名称	1. 会议名称
时间 地点 参会人员 会议组织者	2. 会议基本信息
会议目的	3. 会议目的

会议内容	时间表
4. 会议内容	5. 时间段及各环节所需时间
开场 ・介绍会议议程 ・破冰 ・前情回顾	
共享信息	
内容讨论 以解决问题为目的，按步骤进行	
总结 ・找到目标，确定结论 ・分配任务 ・回顾并分享心得	

图 2–4　会议议程基本内容模板

首先，会议目的要尽可能明确。会议目的是我们制定会议议程的出发点，是选择参会人员、确认会议议题的基础，指明了会议是为了什么目的而进行的。提出会议目的时，我们要避免一切模糊的表达方式，如“就某事进行讨论”“某情况的相关反馈”。

我们对会议应该实现的目的一定要表达得十分具体。如果会议目的模糊不清，那么我们就无法在会议中得出清晰的结论。只有借助会议议程共享会议目的，参会人员才能认识到会议为何召开。会议目的的具体示例如下：

- 确定某个方针。
- 整理某个情况，并使其可视化。
- 提炼要素，写进提案书。
- 确定培训新员工的理念。
- 整理副业引进事项，并使其可视化。

其次，我们需要确认会议内容。它指的是参会人员为了达成会议目的而需要做的事情。会议内容包括以下 4 个关键环节：开场、共享信息、内容讨论以及总结。

最后，时间表写明了每个关键环节的开始和结束时间，以及所需时间。为了提升参会人员的守时意识，我们在制定时间表时要使用具体的表达，建议以 5 分钟为最小时间单位来界定区间，不要使用“约 × 分钟”或“× 点 × 分左右”等模糊字眼。

会议流程中的 4 个关键环节

会议的推进需要遵循一定的流程，即上文提到的会中的 4 个关键环节：开场、共享信息、内容讨论和总结。本节将对这部分内容进行详细介绍。

关键环节 1：开场

如果是一场时长为 1 小时的会议，那么开场大概需要 5 分钟。

介绍会议议程

在这个环节中，会议组织者要将会议议程分发给参会人员，简单介绍会议流程和会议目的，帮助参会人员进一步明确当天会议的主要任务。如果召开的是专题会，我们还要明确讨论核心和任务范围。议程可以在会议当天分发给参会人员，但会议目的需要提前通知。

破冰

这个环节的主要目的是消除初次会面的参会人员之间的紧张感，其中进行自我介绍是常规做法，而相互熟悉的同事之间也可以闲聊一些和工作无关的内容。这一过程是会议组织者营造氛围的重要一环，所以不可草草了事。

前情回顾

如果召开的是系列会议，那么自第二次会议起会议组织者就要对上一次会议进行简单的回顾，以帮助参会人员加深认识。

关键环节 2：共享信息

身处不同岗位的参会人员，所掌握的信息也不相同，因此会议发起人、管理者、业务人员和产品制作人员一定要提前共享信息。如果在讨论之前，会议议题的相关背景与现状没有被大家所知，那么会议就很难顺利进行。需要共享的信息包括但不限于项目背景、客户应对方针及预算、市场环境变化、竞争公司的基本情况等，会议组织者应提前整理好这些信息，在正式进入讨论环节之前帮助参会人员消除信息不对称的情况。会议组织者也可以对这些信息进行分类整理，如 ×× 的背景、×× 的现状、×× 的调查结果等。

关键环节 3：内容讨论

内容讨论是会议的核心部分，也是最需要会议组织者精心设计的部分。为了达成会议目的，参会人员要讨论什么，按照什么顺序讨论等问题，都需要提前做好计划。

具体来说，会议组织者要精准把握当下议题处于问题解决流程中的哪一个阶段，从而对应地运用讨论流程中的某一个方法。在此基础上，会议组织者可以设想自己用不同的提问方式，会为讨论带来怎样的影响。

我们一定要重视这个过程，在脑子里全面地模拟出会议的情景。问题解决流程和讨论流程的相关内容将在第 3 章中详细展开。

关键环节 4：总结

会议结束前，会议组织者要仔细确认会议的讨论结果和会后的任务分配情况，这样可以保证会议精神落到实处。在回顾时，全体参会人员还可以分享个人心得。会议组织者可以向参会人员询问其对本次会议的感想，由此确认参会人员对会议结论的认可度，如果参会人员的认可度低的话，一定会表现出他的态度。这种表现可能是压低的声音，也可能是消极的发言，还可能是阴沉的表情，认识到参会人员的认可度，有利于会议组织者及时调整任务分配、改进会议运行方式，因此我们不可以忽略总结这一步骤。

其实，制作会议议程对会议组织者来说就像编剧撰写剧本一样，在这一过程中，会议组织者一定要时刻考虑“这样划分时间段是否合理”“按这个流程进行能否达成会议目的”等问题。

只依赖于经验，没有考虑到实际情况的会议议程大多不能推动参会人员提出足够多的建议，导致会议只能在人们的不断催问下草草结束。相反，越是考虑到了实际情况的会议议程，就越能推动会议顺利地运行。

会议议程的质量决定了 80% 会议的成败。也许有人在刚开始制定会议议程的时候会遇到困难，做出来的成品对内容的覆盖可能不够全面，划分出的时间表也可能不够合理，但是这些都不是问题，只要认识到时长为 30 分钟以上的会议需要制定会议议程，并坚持去做，就可以了。

为了不浪费参会人员宝贵的时间，扎实做好会前准备工作是会议组织者的基本任务。一般来说，对于一场时长为 1 小时的会议，会议组织者大概需要 10 ～ 15 分钟的时间来制作会议议程。

在初次开会时就要明确会议秩序

会议组织者一定要在初次会议召开时就明确会议秩序。会议秩序提出了参会人员应该做的事情和不应该做的事情，关于会议秩序的信息要在第一次开会时就由会议组织者确立并通知到所有人。

当新项目启动、会议数量出现增加的迹象时，会议组织者可以专门请项目成员一同确立会议秩序，这是因为对于大家一起讨论出来的内容，人们更容易信服，从而加以遵守。

在我看来，参会人员应该做的事情有以下几种：

- 简洁地表达意见。
- 耐心地听完他人的发言。
- 积极地建言献策。
- 严格遵守时间。
- 对他人的发言有点头等回应。
- 聚精会神。
- 相互尊重。

参会人员不应该做的事情有以下几种：

- 一味否定他人的意见。
- 发言时间过长。
- 人身攻击。
- 做与会议无关的事情。
- 对他人的发言没有任何回应。
- 一言不发。
- 发言内容偏离主题。

参会人员不应该做的事情和本书前言提到的会议中常见的问题情形有重合的部分，但我们应该有所区分。参会人员应该做的事情和不应该做的事情会随着会议内容和会议组织者的想法产生变化，我的建议仅供参考。

ゼロから学べる!ファシリテーション超技術

第3章

专题会中解决问题的基本思路

问题=理想−现实

第 1 章提到，如今各企业召开专题会的次数有增长的趋势。而作为专门组织会议的会议组织者，必须学会在专题会中解决问题的基本思路。

爱上问题，而不是解决方案

专题会包括战略部署会、策划会、整改会等多种形式，指围绕特定问题寻找原因、进行讨论并确定解决方案的会议。一般来说，专题会的课题组要向领导、下属和其他相关人员简要说明会议讨论出的解决方案后，才能进行下一步的实施工作。这样做有利于增加透明度，确保所有相关人员对讨论结果有清晰的认识。

我参加过很多企业的专题会，但其中能提出切实可行的解决方案的例子并不多。有时会议中提出的解决方案是因为领导急需拿出成果而直接拍板决定的，可是这样的方案并未得到参会人员的一致认同。

为什么解决方案总是定不下来呢？因为在大多数的专题会中，人们试图直接提出解决方案，而丢掉了寻找问题原因这一重要步骤。

例如，当某公司针对业绩低迷这一问题召开会议时，会议组织者一上来就让大家讨论该怎么做才能使业绩有所上升。于是，参会人员各显神通，第一个人提出的解决方案是在营销上多下功夫；第二个人认为首要的问题不在于营销，而在于人手不足；第三个人又表示公司业绩低迷和人手不足没关系，主要原因在于加班太多，员工丧失了工作积极性。第二个人和第三个人说的都是问题产生的原因，可接下来发言的人又转回到了提出解决方案上。大家你一言我一语，“要灵活运用各种市场战略”“可以做客户调研”……对于问题原因和解决方案的讨论混合在一起，导致会议组织者根本理不清头绪。更有人，竟然对问题本身提出了质疑：“我们的业绩其实一直都不温不火，环比确实有所下降，但是同去年同期相比反而上升了，为什么要说业绩低迷啊？”结果，大家又对问题本身提出了各自的看法。

然而，如果会议先找出业绩低迷的原因在于公司没有对社招进来的推销员进行统一培训的话，那么就能够围绕推销员培训这一主题有针对性地讨论解决方案。由此，会议得出了采取以老带新的模式，针对培训手册内容进行测试等具体措施，这些都是围绕推销员培训这一主题展开的讨论结果，据此，会议成功地找到了切实的解决方案，并圆满结束。

为了能够在专题会中找到解决方案，会议组织者一定要掌握解决问题的流程来有效推进会议。

理想与现实之间的差距就是“问题”

为什么我们会在工作中遇到问题呢？原因在于现实与理想是有差距的。人们总是习惯于把问题当成缺陷，因为它导致我们的理想与现实产生了差距。

例如，业绩低迷是因为和业绩高涨这一理想形成对比，才被界定为一个问题。工作氛围不好之所以成为问题，是因为员工期待的理想状态是同事关系和谐、工作氛围轻松。因此，在寻找问题的解决方案时，我们要将焦点放在理想与现实的差距上，思考怎样消除这一差距。问题产生的原因如图 3-1 所示。

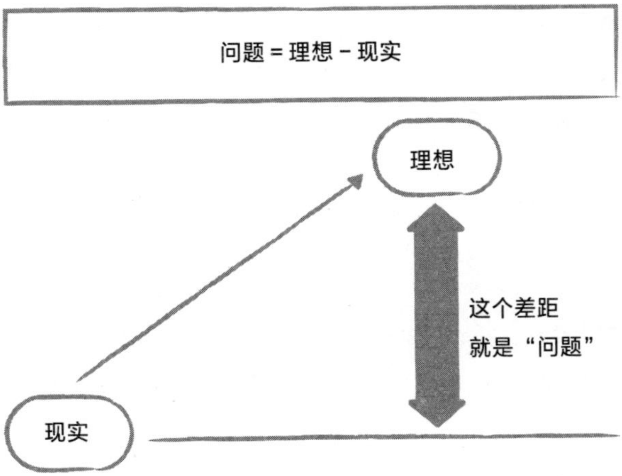

图 3-1　问题产生的原因

有人常表示自己不明白问题的关键所在，不知道从哪里入手解决问题，这是因为他们忽略了最关键的步骤，即把握现状、提出理想。这里的理想指的是我们所能想到的最理想的情况，理想越完美，就越能凸显出现实的不足，我们也就越容易发现问题。解决问题的第一步就是发现问题。一般来说，那些更容易发现问题和不断进步的人，也更擅长描绘出完美的理想蓝图。

解决问题的 4 个阶段与 8 个步骤

从提出问题到找出解决方案，我们需要完成几个固定的步骤。我原创了解决问题的思路框架。该框架分为 4 个阶段、8 个步骤（见图 3-2）。

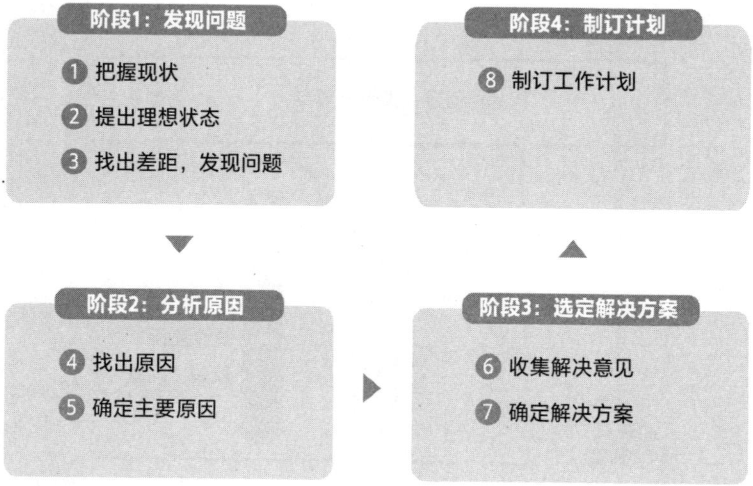

图 3-2　解决问题的 4 个阶段和 8 个步骤

解决问题时最重要的是“顺序”

顺利推进专题会有一个诀窍，那就是参照解决问题的思路框架，将现实与理想之间的差距、问题的原因以及问题的解决方案明确区分开来进行讨论。在运用该框架时，我们最应该重视的就是顺序。

以某公司近期销售业绩不太乐观为例，原因可能有很多，包括市场环境变化、销售人员能力不足、部门合作不畅、新商品投入不足及竞争公司的发展等。对此，销售部部长想要优先解决部门合作不畅的问题，于是他同时召集了销售、生产、市场、研发等部门的负责人开会，共同讨论如何使各部门协调合作，以推动销售业绩上涨。

从我个人的经验出发，这类会议往往会出现以下这种自说自话的场面。

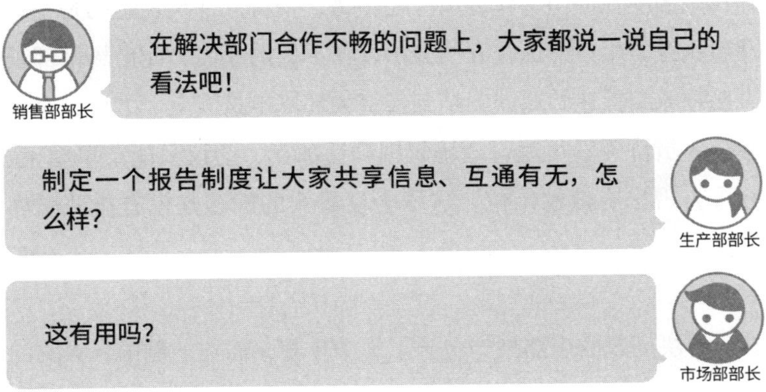

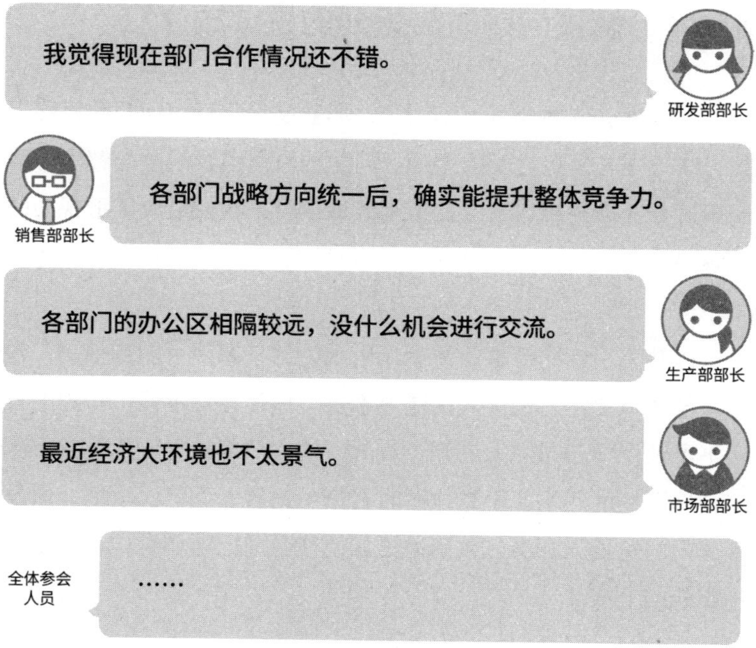

在这一段讨论中，生产部部长刚一提出建议，就立刻被市场部部长否定了，接下来就是一连串与主题不相关的发言。研发部部长认为现在部门合作的情况还不错，销售部部长表达的是一种理想状态，生产部部长开始分析合作不畅的原因，而市场部部长直接把业绩低迷的原因归结到经济大环境不景气上。之后，全体参会人员都无话可说，现场氛围到达冰点，会议只能草草结束，并没有得出有效的结论。这场会议最大的问题是没有按照顺序讨论。

解决问题的思路框架包含了 8 个步骤，而在上例中，大家的发言毫无章法，一会儿跳到了框架中对应的步骤 6，一会儿跳到了框架中对应的步骤 4。

如果参会人员意识不到讨论顺序的重要性，而是想到什么就说什么的话，那么会议很难达到预期的效果。虽然每个参会人员的观点都是对的，但因为没有按步骤讨论，讨论的推进缺少逻辑的支撑，会议结论也就不够完善。

另外，在会议中也没有人对参会人员的发言做可视化整理，一段时间过后大家就忘了谁说过什么，导致相同的建议被重复提及。

按照顺序讨论解决问题的方法其实很简单，只需记住一个诀窍：**每时每刻都只围绕一个步骤展开讨论。**

把归属于不同步骤的内容混在一起，会使讨论偏离主题。因此，我们要时刻把握解决问题的讨论顺序。正确的步骤是从步骤 1 开始，逐步进行，确保每一步都得到了充分的探讨和解决后再进行下一步。这样做既是会议组织者的重要职责，也是策划会议的一个关键点。

在真实会议中解决问题

本节将以“部门合作不畅”这一问题为例，分阶段介绍解决问题的思路框架，具体如图 3-3 所示。

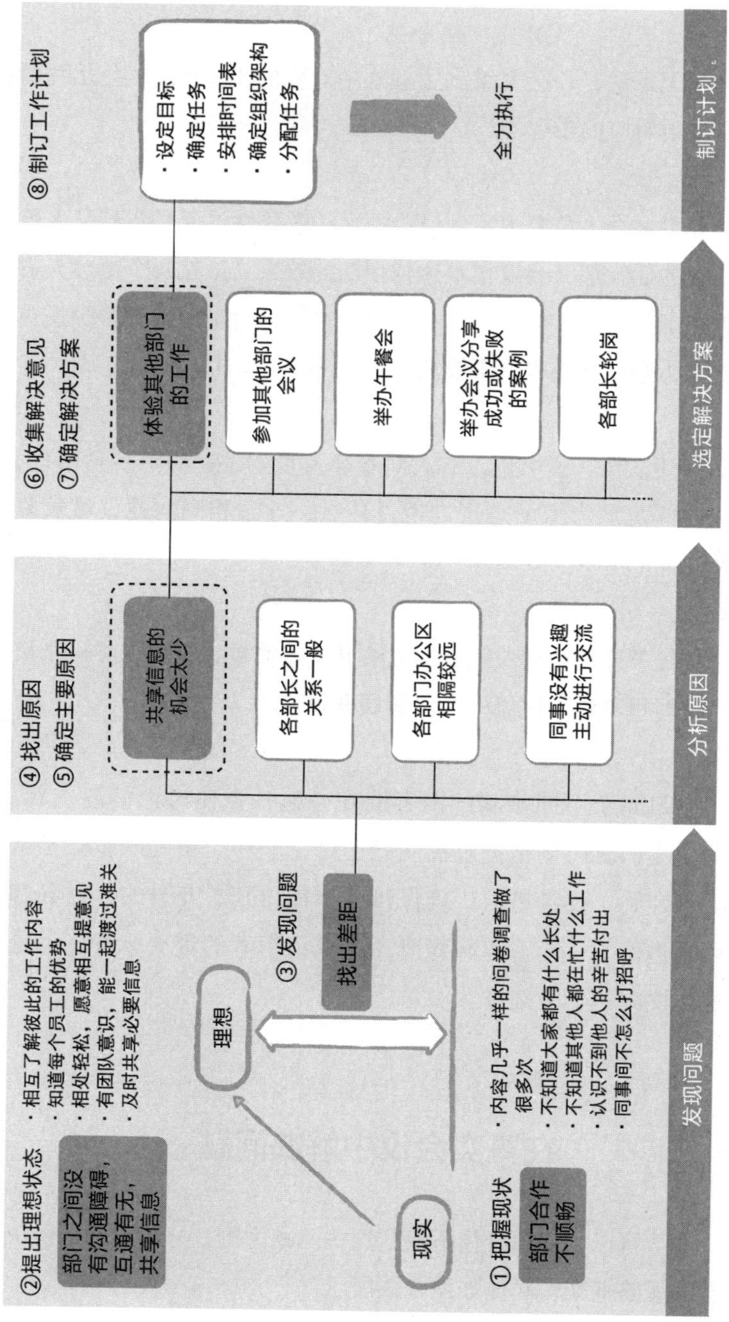
②提出理想状态
部门之间没有沟通障碍，互通有无，共享信息
· 相互了解彼此的工作内容
· 知道每个员工的优势
· 相处轻松，愿意相互提意见
· 有团队意识，能一起渡过难关
· 及时共享必要信息
理想
现实
③ 发现问题
找出差距
① 把握现状
部门合作不顺畅
· 内容几乎一样的问卷调查做了很多次
· 不知道大家都有什么长处
· 不知道其他人都在忙什么工作
· 认识不到他人的辛苦付出
· 同事间不怎么打招呼
发现问题
④ 找出原因
⑤ 确定主要原因
共享信息的机会太少
各部长之间的关系一般
各部门办公区相隔较远
同事没有兴趣主动进行交流
分析原因
⑥ 收集解决意见
⑦ 确定解决方案
体验其他部门的工作
参加其他部门的会议
举办午餐会
举办会议分享成功或失败的案例
各部长轮岗
选定解决方案
⑧ 制订工作计划
· 设定目标
· 确定任务
· 安排时间表
· 确定组织架构
· 分配任务
全力执行
制订计划

图 3-3 问题解决流程

阶段 1：发现问题

在会议中，解决问题前，要先找准问题。如前文所述，问题源自理想与现实之间的差距，因此我们需要把握现状、提出理想状态，再从两者的差距中发现问题。

将现实与理想区分开来思考、认真进行讨论，我们才能够在会议中找到问题所在，并共享至所有参会人员。

要想准确地找到问题，我们就需要全面地把握现状，这是至关重要的一点。

在现实情况下，仅凭一个人很难做到全面把握现状，而需要四五个人通力合作。这是因为每个人的关注点都不一样，将大家的观点拼凑起来得到的信息，才是全面而立体的。因此，会议组织者一定要鼓励参会人员积极发言，共同出谋划策。

如果我是会议组织者，在面对为解决部门合作不畅的问题而召开的会议时，我会设计如下问题，以全面地把握现状。

从下面的对话中可以看出，每个人观察问题的角度都是不一样的，所以人数越多，得到的信息就越全面。在参会人员分享思考的过程中，会议组织者一定要将听到的意见及时整理到白板上，通过可视化操作规避同类意见反复出现的情况。

在全体参会人员基本掌握了部门合作现状后，会议就可以进行下一步，即提出理想状态。

在这一过程中，参会人员不必设限，而要把自己能够想到的理想状态大胆地说出来。具体示例如下：

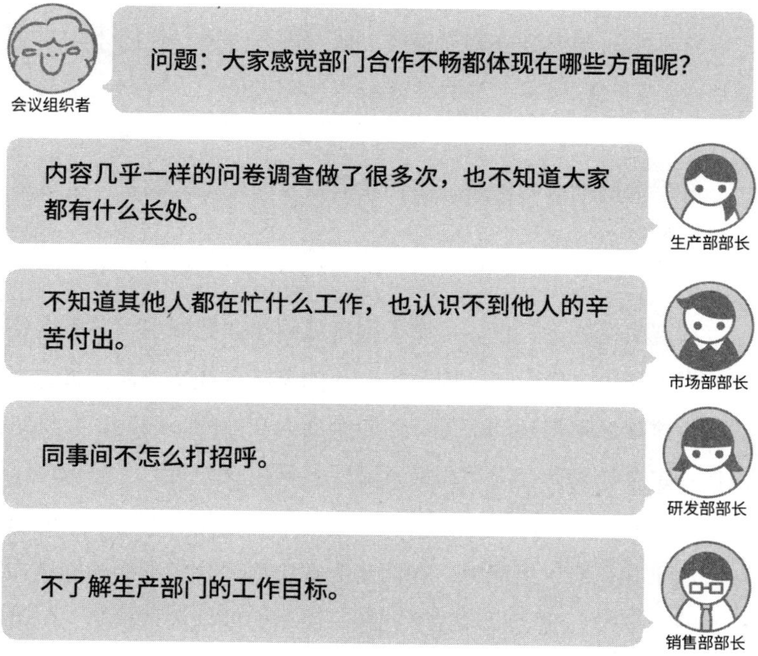

通过提出具体的现实与理想状态，参会人员对部门合作不顺畅的认识越来越深刻。

在发现问题阶段的最后，我们将比较现实与理想，找到它们之间存在的差距。

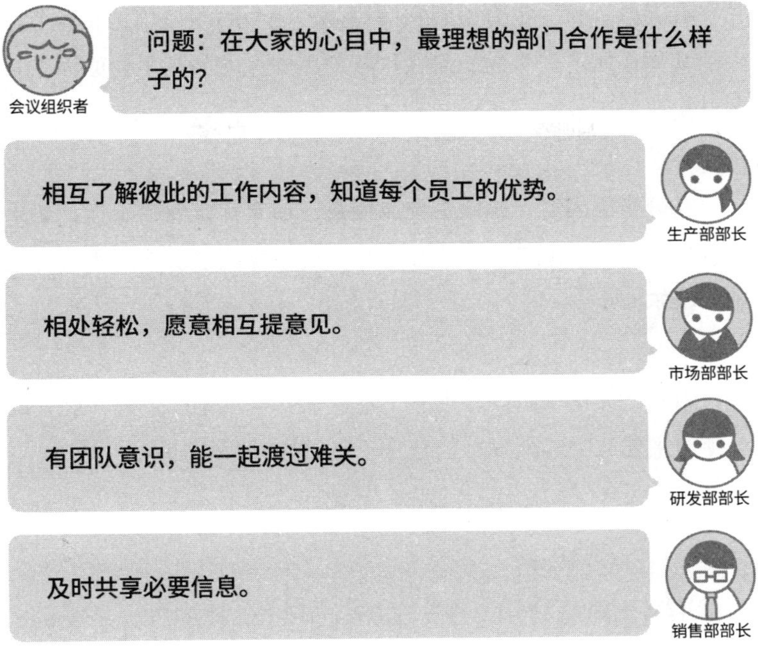

如果可行的话，会议组织者要努力将这一差距以数值的形式体现出来。如果是难以数值化的主题，则可以尽量描述出现实与理想各自的情景，而从这两个情景中找到的差距就是问题。

阶段 2：分析原因

大家在找到问题后，一般情况下都想尽快制订解决方案，但在我看来，全体参会人员应该先脚踏实地，分析问题产生的原因。

有问题，就一定有引起它的原因。一个问题往往是在多个原因的共同作用下产生的，而在这些原因中，有的是主要原因，有的是次要原因。

在分析原因时，确定主要原因是一项非常重要的工作，如果跳过这个步骤，就有可能导致参会人员一直围绕次要原因进行讨论，得不偿失。

因此，在这个阶段，大家一定要认真梳理原因，并在此基础上锁定主要原因。梳理部门合作不畅的原因过程如下：

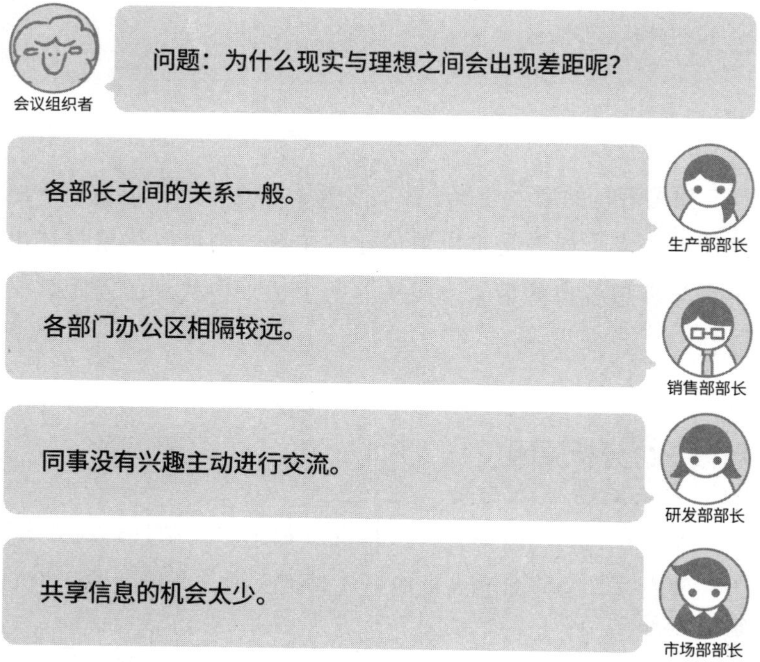

针对部门合作不畅这个问题，不同的人会提出不同的原因，而在这些原因中有一些可能是重合的，因此会议组织者要将所有原因都收集起来并加以整合，从中确定主要原因。

之后，我们可以选择最主要的原因加以解决，因为这么做比解决所有原因花费的时间更少、效率更高，也更容易出成果。

在经济学领域，帕累托法则（80/20 法则）指的是 20% 的人口掌握着 80% 的社会财富。在管理学领域，这个法则同样适用，即只要把 20% 的原因应对好，就能解决 80% 以上的问题。也就是说，如果一个问题存在 10 个引发它的原因，我们只需应对其中最为主要的 2 个原因，就可以解决这个问题。

欲速则不达，找到主要原因，我们才能够高效地解决问题。也许这一步会花费我们大量的时间，但从主要原因入手解决问题带来的效果是可观的。

在引起部门合作不畅的各个原因中，我将共享信息的机会太少选定为主要原因，并继续进行下一阶段的讨论。

阶段 3：选定解决方案

在找到问题、确定主要原因后，会议组织者就可以着手选定解决方案了。这里需要注意的是，参会人员最好只围绕 1 ～ 2 个原因进行讨论。实际上，**我们提出的解决方案并不是直接针对问**

题，而是针对问题产生的原因。

例如，针对部门合作不畅这个问题，参会人员提出了多个原因，如果会议组织者将这些原因全部纳入讨论的范畴，那么解决方案就会变得五花八门。

一般来说，1 个原因对应 10 个解决方案，那么如果是 10 个原因的话，就会有 100 个解决方案。从这 100 个解决方案中选出来的解决方案，大概率会指向那些次要原因，参会人员再怎么认真讨论，也很难从根本上解决问题。

此外，每个解决方案的工作量都是相差无几的，所以一旦选择了对应次要原因的解决方案，就会造成时间和精力上的极大浪费，这绝对称不上是高效的工作方法。因此，我们必须时刻围绕主要原因进行思考、选定解决方案。相应的交流过程如下：

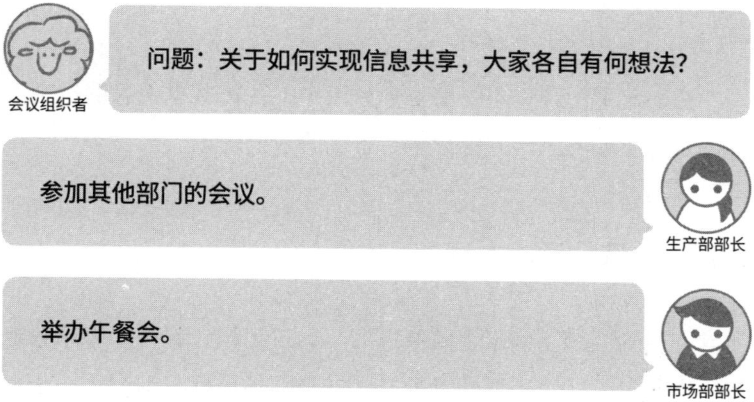

体验其他部门的工作。

研发部部长

举办会议分享成功或失败的案例。

销售部部长

各部长轮岗。

生产部部长

在解决问题的整个流程中，思考解决方案是最能够发挥人的创造性的一项工作。在这个阶段，大家提出的创意越多越好。**会议组织者不要急于评价创意的好坏，而应抛下一切限制条件，让每位参会人员充分发挥想象力。**

为了激发参会人员产生更多创意，我们可以在会议中展开头脑风暴，带动大家踊跃讨论。以下是头脑风暴过程中会议组织者需要注意的几个要点：

- 比起质量更注重数量（不在每个创意的质量上做过多思考，先去积攒大量的创意）。
- 禁止批评（不要去批评、评价任何创意）。
- 发散思维（鼓励超出常规的创意）。
- 更新思考（可以从已有创意出发进行联想）。

收集到一定数量的创意后，会议组织者可以从实操性、性价比、预算等方面综合考量，最终选定 1 ～ 2 个转化为解决方案，并实际执行。像这样，让参会人员按照发现问题、确定主要原因、确定解决方案的流程进行讨论，要比一上来就直接讨论问题的解决方案高效得多。

如果因时间紧迫等理由而随意跳过必要步骤的话，会议组织者就很难在会议中找到合适的解决方案。因此，特别是在引导自己不太了解的工作相关的会议时，会议组织者一定要按照本书介绍的流程带动大家进行讨论。

阶段 4：制订计划

在最后一个阶段，会议组织者需要将解决方案落到实施层面。具体来说，就是设定目标、确定任务、分配任务。

例如，针对部门合作不畅这一问题的主要原因“共享信息的机会太少”，参会人员提出了很多意见，而经过讨论，所有人最终选定让员工体验其他部门的工作这一解决方案，并思考实施的过程。这种体验要实行到什么程度呢？有截止日期吗？如果不提前确定好目标的话，相关人员是无法推进工作的。

在设定目标时，会议组织者可以带动参会人员参照 5W1H 法的几个方面进行思考。所谓 5W1H，指的是谁（Who）、什么时候（When）、在哪里（Where）、做什么（What）、为什么（Why）和怎么样（How）。以下是利用 5W1H 法安排员工体验其他部门的工作的实例：

- 谁（Who）：100 位参会人员中的 30%，也就是 30 人。
- 什么时候（When）：4～6 月的 3 个月时间。
- 在哪里（Where）：各部门指定的体验地点。
- 做什么（What）：实践所在部门的工作。
- 为什么（Why）：理解各部门的业务和员工的思考方式。
- 怎么样（How）：体验实际工作。

这样分析后得出的目标简洁明了，能为所有人提供最直接的信息。想要会议顺利进行，目标就必须清晰，如果目标模糊不清，会议组织者就无法分配任务，后期也很难进行总结。

此外，SMART 框架也可以帮助我们设定目标：

- 是否具体（Specific）：明确具体。
- 是否可测（Measurable）：工作成果有检验标准。
- 能否实现（Achievable）：在可实现范围内。
- 是否相关（Relevant）：与公司或团队的目标有关。
- 有无期限（Time-bound）：期限明确。

灵活运用 5W1H 法和 SMART 框架，会议组织者就可以设定出明确的目标。明确目标后，会议组织者就要进一步确定任务。一般来说，任务由领导确认，但是这么做容易出现纰漏。因此，会议组织者可以在开会时让大家共同确定任务内容，提升会议效率。相应的交流过程如下：

会议组织者：**问题：为了让员工顺利体验到其他部门的实际工作，我们应该做些什么呢？**

生产部部长：**制订计划、申领预算、发布通知。**

销售部部长：**确定各部门体验计划、调整员工工作日程。**

市场部部长：**立项、招募愿意参与体验项目的员工。**

研发部部长：**项目完成后对参与的员工进行满意度调查，举办庆功会。**

参会人员共同讨论出的任务清单是清晰而全面的。例如，研发部部长提出的“项目完成后举办庆功会”看上去和员工体验其他部门的工作没有什么关联，但实际上，有很多员工会因为庆功会这一激励方式，在工作中更加卖力。如果仅由领导确定任务的话，会议组织者是很难收集到这类想法的，因此在会议中大家一起讨论任务很有必要。

在开始工作前，员工能否把握好任务具体内容及潜在的风险，会对其工作表现产生极大的影响，所以会议组织者将任务描述得越具体、越全面，任务实施的效果就越好。我们应借助参会人员的力量，在设定任务之后将其分配到位，再正式开始工作。此处不再赘述任务分配这一步骤。

也许会有很多人怀疑员工体验其他部门的工作能否产生积极的影响，但在具体操作的过程中，领导是会根据实际情况进行调整的，从而争取任务圆满完成。除增进交流、改善职场氛围这一主要目的外，员工体验其他部门的工作还可以带来以下积极影响：

- 将交换体验工作项目交给各部门的新员工策划，以提升新员工对本部门业务的理解，并增进他们同老员工的交流。
- 对各部门工作的体验项目还可以作为公司校招、社招员工的培训课程。
- 提升员工在工作中的自信心。员工可以通过体验其他部门的工作感受其工作价值，从而提高工作积极性。
- 提升客户的好感度。将员工积极工作的状态传递给客户，能提升公司形象。

像这样，只要会议组织者找准方向、适时调整，在会议中确定的解决方案就一定能够发挥作用，带来意想不到的效果。

● 会议精进秘籍

专题会中实用的提问方式

实用的提问方式能够让参会人员在专题会中产生更深刻的思考。

把握现状

- **问题：大家认为职场氛围中的哪些方面有待改善？**

“认为”这一表述能带动参会人员发表自己的意见。通过“认为”“好 / 不好（喜欢 / 讨厌）”表达观点，参会人员的心理负担会小很多。

提出理想状态

- **问题：大家认为“最棒的职场”是什么样子？**

“最棒”一词能够活跃会场气氛，让参会人员自由地想象。

找出原因

- **问题：为什么会产生差距？**

一定要用“为什么”向参会人员询问原因。

确定解决方案

- **问题：大家有什么解决这个问题的创意？**

“创意”一词为参会人员提供了想象的空间。当会议组织者希望参会人员发散思维、提出尽可能多的方案时，可以采用这种提问方式。

ゼロから学べる！
ファシリテーション
超技術

第 4 章

摆脱“没有人提意见”的窘境

一定不要否定参会人员提出的意见，
这是会议组织者的必备姿态。

没有人提意见，是我在整理会议问题时经常见到的重点难题之一，我对此深有体会。参会人员提出的意见越多，越容易达成共识，因此，我们必须解决会议中没有人提出意见这一困境。

此外，会议的讨论流程一般是意见收集、整理和达成共识，由此可以想见，如果收集不到意见，会议也就进行不下去了。那么，为什么会议中会出现没有人提出意见的情况呢?

一般情况下有两个原因：一是参会人员确实没有意见；二是参会人员有意见但不想在会上提出。

我个人认为，因为第二个导致没有人提出意见的情况占了绝大多数。人们有意见却故意不提，有可能是考虑到领导的态度，也有可能是考虑到当下的情境。

总而言之，无论出于什么原因，我们都必须加以解决，使参会人员能够踊跃发言。

按顺序轮流发言，避免向全员提问

通过多次摸索实践，我找到了没有人提出意见的解决方法，其中之一便是：依次轮流发言。

这个方法虽然简单，效果却很显著。在会议中，会议组织者有时会向参会人员征求意见，但主动回应的人总是很少。这是因为会议组织者把问题抛给全体参会人员，很多人会产生作壁上观的心态，等待别人先发言。

当然，一些擅长在公共场合发言的人也会主动提出意见，还有人会借机老生常谈一番，然而，向全员提问的方式并不能保证每个人都拥有均等的发言机会。有的人在意识到自己发言的频率过高，而其他人一味沉默后，也会逐渐减少发言次数，这样一来，现场气氛会越来越差，对参会人员来说也是一种折磨。**因此，会议组织者尽量不要向全员直接提问。**

如果会议组织者要求参会人员按照顺序依次发言的话，对方就会意识到自己一定要发言，作壁上观的心态便消失得无影无踪。同时，为了能提出有建设性的意见，让他人刮目相看，参会人员还会深入思考会议相关的议题。会议组织者可以这样表达：

> 让我们按顺序谈一谈对这件事的看法。
> 那就从某某开始，以顺时针方向发言。

采用这种提问方式，可以带动大家按顺序发言，没有人提出意见的问题也就解决了。

不过，也会有参会人员认为这种发言方式带有强制性，从而产生抵触心理。对此，我提出了 7 个妙招来解决这一问题。

提升发言积极性的 7 个妙招

会议组织者要想推动参会人员主动地发表意见，可以应用以下 7 个妙招。

妙招 1：提出简单的问题

会议组织者在提问时最好不要使用复杂的表达方式；相反，可以用小学生也能听懂的简单语句进行提问。

以下是我在会议中经常使用的表达方式：

> 你对这件事有什么感想？
>
> 你对这件事有什么顾虑？
>
> 你觉得当前存在什么问题？
>
> 你认为是什么原因导致了这个问题？不论对错，说什么都行。
>
> 你有什么创意？可以大胆发言。
>
> 你觉得还有哪些工作需要做？想到什么说什么。

我的用词一般都很简单，易于理解。此外，会议组织者可以有意识地向参会人员询问他们的感受。因为感受和心情无关对错，这样大家可以抛下顾忌，踊跃发言。

根据情况，会议组织者可以用“随意”“说什么都行”“不论对错”等开放式提问，推动大家发言。

妙招 2：每人一句

如果没有时间限制，那么在轮流发言环节中就会有人长篇大论。会议组织者为了收集到全体参会人员的意见，应提出一个限制条件，要求每人将自己的意见精简为一句话，从而把握住会议节奏。此外，还可以通过每人一个意见（多轮发言）、每人 1 分钟等说法来进行约束。

妙招 3：允许跳过发言

在轮流发言的过程中，有的人可能确实没有什么意见可说，这时会议组织者如果强迫他发言的话，难免会把气氛搞僵。对此，会议组织者可以在提问后补上一句“可以跳过”，从而减轻参会人员的心理负担。

妙招 4：轮换 2 ～ 3 次

有时，由于所讨论的问题比较复杂，参会人员无法用一句话解释清楚，或就同一个问题想到了好几个解决办法。在这些情况下，会议组织者可以进行多轮轮流发言，而轮换的次数一多，参会人员每次发言的时间也会变短。

妙招 5：常带笑脸

没有人会讨厌一张笑脸。

妙招 6：100% 接纳意见

会议组织者在推进会议的过程中，一定不要否定参会人员提出的意见。哪怕是听到了与自身看法完全相左的意见，会议组织者也要 100% 地去接纳，以此来拓宽自己的思路。在下定决心、有意识地进行训练之后，现在的我已经不会轻易地否定别人。

妙招 7：给出积极反应

参会人员在会议中提出的意见，有时会转化为宝贵的创意，因此，会议组织者应尽力体现出如下语言反馈：

> 真好呀！
> 确实是这样！
> 原来如此！
> 也可以这么做！
> 我绝对想不出这么棒的创意！

得到这些反馈后，提出意见的人会获得极大的满足感，使会议富有成效。因此，会议组织者需要尊重每一位参会人员的意见，给出积极的反馈。

以上 7 个妙招可以总结为如下话术：

> 请大家依次轮流发言，谈一谈对这件事的看法。每人一句即可。
>
> 大家的创意很多，那我们多轮换几次。
>
> 本次会议和以前一样，允许跳过发言。某某先说吧。
>
> 那就从某某开始以顺时针的方向轮流发言。

会议组织者学会这 7 个妙招，并加以应用，就能提升参会人员在会议中发言的积极性。此外，为了让大家能够畅所欲言，会议组织者有必要在会议中营造出一种轻松的氛围。本书将在氛围营造部分对此进行讲解。

除了依次轮流发言，日本人文学家川喜田二郎提出的 KJ 法，不仅能帮助会议组织者在短时间内收集到大量参会人员的意见，还能同时完成收集意见和整理意见这两个步骤，因此我强烈推荐。本书将在第 5 章中介绍 KJ 法的具体内容。

整理意见，为后续的讨论提供支持

收集到足够的意见后，会议组织者需要进一步进行整理。只有将这些意见进行适当的分类，后续的讨论才有据可依。

会议组织者的职责之一就是将收集到的意见整理清楚，但这项工作听起来容易，做起来却很难。整理是一门学问，研究者在研究逻辑思维时也专门就整理这一行为进行过分析，并开发出数百个信息整理框架。

不过在掌握这些框架之前，我们可以先了解一些关于整理的知识和技巧，比如以下三点：

- **可视化：**把参会人员提出的意见分条记录下来。
- **整理的 3 种框架：**整理信息后，你可以用逻辑树、矩阵图和时间轴的形式将其体现出来。用于分析商业模式的框架也大多以这 3 种框架为基础进行搭建。
- **MECE[①] 法：**通过运用 MECE 法，会议组织者可以保证自己收集到的意见是全面的。

若收集到的意见或材料不足，或者意见或材料过多，我们就很难以此为基础做出准确的判断。对此，**会议组织者可以将 MECE 法当作最理想的状态，同时以将意见整理到一定程度作为现下的目标。**

引导会议的经验越丰富，我们就越能高效地制定具体的会议目标。

① MECE 是英文 Mutually Exclusive, Collectively Exhaustive 的缩写，意思是“无重复、无遗漏”。这是一种商业活动中常用的逻辑框架，确保在分析问题时，所有信息都被考虑到，且各部分之间没有重叠。——编者注

运用 MECE 法全面思考问题

MECE 法能够帮助我们在全面分析关键因素的同时，做到不重复分析，从而把握客观事实，进行体系化思考，有效地解决问题。该方法可以有效地消解两个风险：分析关键因素时出现遗漏，以及分析某一类元素时出现重复。思考问题时的不同方式有如图 4-1 所示 4 种，其中 MECE 法才是可取的。

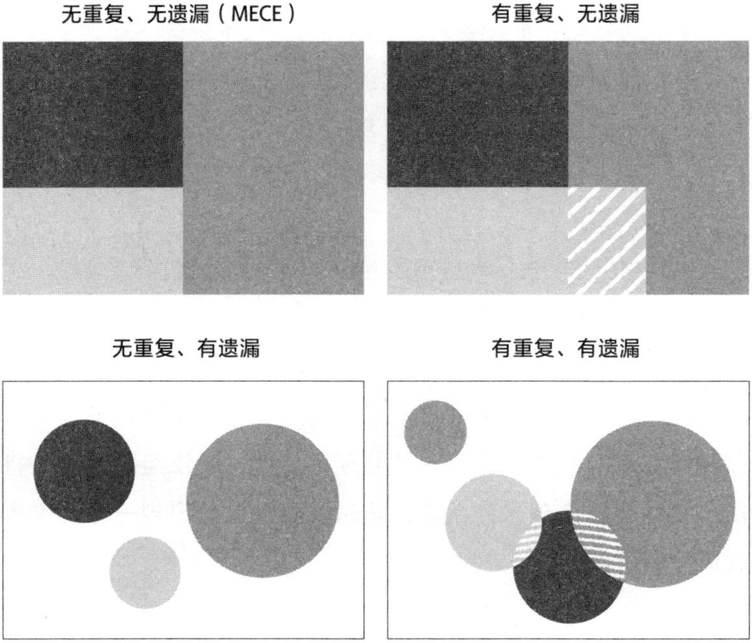

图 4-1　4 种思考问题的方式

用 MECE 法进行思考，我们就能将大问题切分成一个个小问题，从而全面把握问题整体的构造。但需要注意的是，以下情况不能通过 MECE 法进行分析：

- 人的性格（如温柔、严厉）。对性格的描述往往会体现说话的主观印象和态度，因此不够客观、明确。
- 菜肴（如日本料理、西餐、意大利菜、中餐、意面、拉面、轻食、茶水）。在该类型中，如果把意面、拉面等单一品类的食物视作一个要素的话，就有可能遗漏掉一些类型。此外，在对菜肴进行分类时还会出现意大利菜里包含意面、中餐里包含拉面等对面条重复分类的情况。
- 目的地（如亚洲、美国、中国、俄罗斯、北京）。这种分类将洲、国家、首都混杂在一起，既可能产生遗漏也可能产生重复，分级层次不够清晰。

标准的 MECE 法可以用来分析以下几类要素：

- 空间（如省、市、县、乡）。
- 时间（如前期、后期）。
- 年龄（如成年人、未成年人）。
- 价格区间（如不足 20 万、20 万及以上）。

只要提出明确的定义，就能够用 MECE 法对数量、时间、空间等类型进行分析。在真正理解 MECE 法的含义后，我们就能找到合适的类型、要素的分类方法，从而进一步收集全面的意见。

ゼロから学べる！
ファシリテーション
超技術

第 5 章

用KJ法收集意见、整理意见

设计问题要以简洁易懂为基本原则，
即便是小学生也能读懂。

为了使会议满足高质量会议应具备的 3 个条件，会议组织者需要重点做好意见的收集与整理工作。

参会人员之所以认可一场会议，是因为他们在会议的过程中充分表达了自己的意见，或者他们的意见得到了其他人的肯定。

也许有人会认为，在有限的时间内让所有参会人员都提出意见是很难的，但有一个方法可以解决这个问题。这个方法就是 KJ 法，它提倡参会人员先集中精力提出意见，同时不对这些意见进行讨论与评判，这么做可以保证所有参会人员都能够分享自己的看法。

在有限的时间内让所有参会人员提出意见

KJ 法不仅可以帮助会议组织者在短时间内收集到参会人员的意见，还能帮助会议组织者及时对这些意见进行整理。收集意见、整理意见是会议发挥作用的基础，而任何人都能够通过 KJ 法做好这两件事。

“KJ 法”这一名称取自发明者川喜田二郎（Kawakita Jiro）的英文姓名首字母，该方法名称商标权由川喜田研究所持有。川喜田二郎是一位人文学家，他在写论文的时候经常需要去整理海量的调查数据，为了提升整理效率，他发明了这个方法。

KJ 法并不是严格意义上的引导方法，而更接近于一种逻辑思考方式，它却是我经过多次尝试后发现的最为优秀的整理方法。

也许有人在了解后认为，应用 KJ 法需要准备很多东西，如白板、记号笔、便笺等，很是麻烦，但是对作为会议组织者的我来说，KJ 法极具魅力。因为它可以帮助会议组织者在收集到全体参会人员意见的同时，高效地同步进行整理工作。

在专题会中，有时我们会要求参会人员找出问题以及引起问题的原因，并制订解决方案，如果会议组织者在这个过程中使用 KJ 法，就可以在短时间内迅速收集到参会人员对各个问题的看法，并且在收集的同时将意见整理清楚。

假设某公司召开了一场会议，主题是讨论职场环境恶劣这一问题的产生原因。一般情况下，参会人员会轮流发表自己的想法，但如果会议组织者采用 KJ 法的话，参会人员便不需要逐一陈述观点。这是 KJ 法的一个特点。

会议组织者可以将便笺发放给参会人员，让他们将自己认为的职场环境恶劣的原因写下来。

这里需要注意的是，一个便笺上只能写明一个原因。也就是说，认为原因有 3 个的参会人员要写 3 张便笺，而认为原因有 6 个的参会人员要写 6 张便笺。

整个过程大约需要 3 分钟。只要 3 分钟，会议组织者就能收集到所有参会人员的意见。传统的发言形式是无法实现这一点的。

采用 KJ 法收集意见的会议，参会人员可以不开口。只要会议组织者提出的问题明确，参会人员听从指挥在便笺上写下意见，那么会议就一定能够收集到所有人的意见。而参会人员也可以通过书写的方式，切实感受到自己的想法得到了充分的表达。接下来，会议组织者要在白板上对意见进行归纳与整理。

以我亲身经历的一场会议为例。在这场会议上，5 位出版从业人员围绕图书加印的原因进行了讨论。

有的书能够加印，有的书却不行，那么二者之间的差别是什么？对这个问题的探究成为此次会议的核心内容。

当时的我作为会议组织者，提出了“为什么有的图书得不到加印”这个问题，并分发便笺，请 5 位参会人员写出自己的答案（见图 5-1）。整个过程不长不短，刚好是 3 分钟。之后，我将收集到的意见在白板上进行整理。

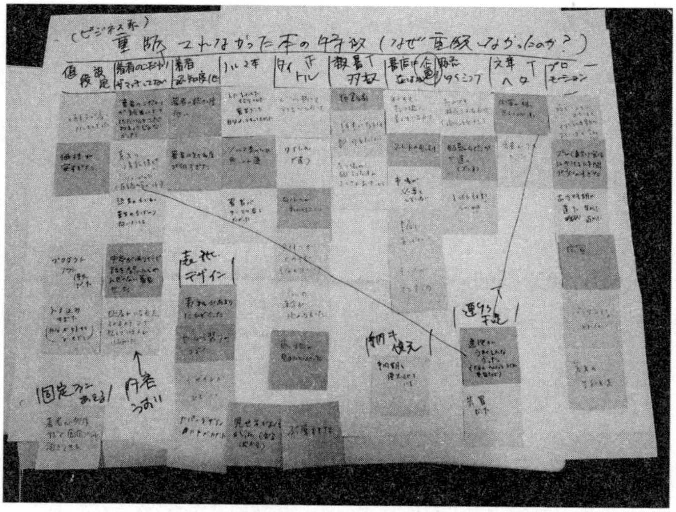

图 5–1　加印会议意见整理

前文提到，KJ 法的要点之一是一张便笺只能写一个回答，如果参会人员的想法很多，增加便笺的数量就可以。该会议的 5 位参会成员就想到了很多个回答，在 3 分钟的时间里，每个人用掉了约 10 张便笺。

5 个人，每个人有 10 个回答，加起来就是 50 个回答，会用到 50 张便笺。借助白板对这 50 张便笺进行分类，很快就能完成整理工作。从会议收集到的意见中可以看出，大多数意见将图书未能加印的问题归结到了作者和读者的口味不相符、图书标题不够吸引人上面，有时编辑认为书名不错，可读者却不买账。所以说，KJ 法不仅可以帮助我们收集意见，还能帮助我们在同时整理好意见。

以发言的形式进行讨论的会议，如果会议组织者不做记录，那么到了后期大家就会忘记谁说过什么。而将意见用便笺的形式体现的 KJ 法可以完美地解决这个问题。

此外，利用白板对意见进行整理还可以达到可视化的效果。无论意见再多，只要通过便笺加以体现，就能一目了然，信息的共享也变得更加方便。这才是会议应该实现的任务。一视同仁，将所有人的意见都贴到一起。所有参会人员都提出自己的意见，也都得到了认真的对待，这对于参会人员来说是一种莫大的鼓励，能使他们提升对会议的认可度，以及对公司的归属感。

那么，会议中到底应该怎样应用 KJ 法呢？

KJ 法的主要作用是帮助会议组织者进行信息的收集与整理，以推动会议顺利进行。在专题会中，会议组织者可以使用 KJ 法推进讨论，解决问题。

在第 3 章介绍的问题解决流程中，有好几个步骤都可以用 KJ 法收集信息，具体包括“1. 把握现状”“2. 提出理想状态”“4. 找出原因”“6. 收集解决意见”等。完成上述步骤后，我们直接进行“7. 确定解决方案”，再顺利完成“8. 制订工作计划”，设定好目标、确定好任务、分配好任务，就大功告成了。

“好问题”让人一看就能想出 3 个答案

被誉为现代管理学之父的彼得·德鲁克有一句名言：“最重要的事情，不是寻找正确的答案，而是设置正确的问题。”

在专题会中，认真收集参会人员的意见并进行整理、最终使全体参会人员达成共识是会议组织者的重要职责，其中收集意见这一步十分关键，因为如果没有人提出意见，会议就无法继续进行。

但是，这并不意味着无论什么意见都要收集。只有当一个意见契合会议主题、鞭辟入里时，才能被会议组织者所采纳。

会议上没有人提意见，大概率是因为会议组织者提出的问题不够好。因此，当没有人主动提意见时，会议组织者要进行反思，想一想自己提出的问题是不是不够简洁、不够明确。

那么，会议组织者要怎样做才能收集到有效的意见呢？答案是：准备几个好问题。

会议组织者在设计问题时，要以简洁易懂为基本原则，即便是小学生也能读懂。这样的问题不需要大家苦思冥想，而是凭直觉就能够回答出来。

例如，当会议组织者问出“大家心目中职场的理想状态是什么样子”的时候，参会人员恐怕会一时间反应不过来；但是，如果会议组织者问出“什么样的职场是最棒的”时，大家就会很容易地想到答案，例如“那肯定是不怎么加班呀”“同事们都很有干劲，相互之间关系很好”“做出的努力能得到相应的回报”等。在设计问题时，会议组织者要考虑到参会人员能否针对这个问题，流畅地写下 3 个以上的意见。

前文提到，运用 KJ 法时，会议组织者需要通过便笺收集意见，一张便笺上只能写一个意见。由此可知，如果一个问题能收获 3 张以上的便笺，那么这个问题就是好问题。

如果无法推测参会人员是不是能够在听到问题后写满 3 张便笺，会议组织者可以换一个角度进行思考：想一想自己在听到该问题后，能不能写出 3 张便笺。

通过反复设计问题、比较问题，并模拟回答，会议组织者最终一定能够找到好问题。

好问题还应该能够限定对方的回应，避免让对方产生更多的疑问。例如，当会议组织者问“你心目中职场的理想状态是什么样子？”时，参会人员可能会由此提出新的问题：“什么才是理想状态？”这时，会议组织者提出的问题就不能被称为好问题。而如果会议组织者提出的问题是“什么样的职场最棒”，参会人员理解起来会更加容易，就不太可能提出新的问题。由此可以看出，会议组织者提出的问题应该是简单的、易懂的。

此外，会议组织者在设计问题时，还要考虑到该问题是否抽象。具体例子如下：

你在参加会议时遇到过什么问题？

你在参加经营会时遇到过什么问题？

你在参加推进经营会时遇到过什么问题？

以上 3 个问题的抽象程度由高至低，越靠下的问题抽象程度越低，具体程度越高。

当然，具体程度高的问题并非就一定是好问题，会议组织者要具体情况具体分析，观察当前的会议需要收集什么类型的意见，再决定采用什么样的提问方式。

如果会议组织者想要收集具体程度高一些的意见，就应该适当降低所提问题的抽象程度；如果会议组织者想要参会人员的作答思路更加开放，就应该适当提高所提问题的抽象程度。

例如，“你在参加推进经营会时遇到过什么问题？”就是抽象程度低、具体程度高的问题，参会人员能够在该问题设定的范围内思考，并提出相应意见。而“你在参加会议时遇到过什么问题？”的抽象程度就比较高，参会人员的思考会更加灵活，意见会更加分散，具体包括“讨论了好久也得不出结论”“领导在场时，自己很难表达意见”“会议时间太长了”等。

会议组织者在刚开始上手时，可能会在控制问题的抽象程度时遇到一些困难，但只要不断摸索，即可解决。

KJ 法的 5 个步骤、3 大技巧和必备工具

只要我们熟悉 KJ 法的步骤并掌握相关技巧，就能够进行灵活的运用。当会议组织者按照正确的步骤推进会议时，KJ 法能够发挥出显著的作用。相反，如果会议组织者对步骤理解不清，就容易造成时间上的浪费，也无法认识到 KJ 法的实用性。

KJ 法的 5 个步骤

KJ 法的应用步骤有 5 个。

步骤 1：将问题展示出来

运用 KJ 法时，我们需要提前准备好白板和便笺。白板最上面的部分用来记录问题，从而实现问题的可视化，供参会人员随时确认。

步骤 2：参会人员 3 分钟内将意见写在便笺上

接下来，会议组织者需指导参会人员将意见写在便笺上。在写意见时，参会人员需要注意以下几点：

- **一张便笺上写一个意见。**一张便笺上出现多个意见的话，不利于会议组织者后续的分类，所以参会人员要严格遵守一张便笺写一个意见的规则，有几个意见，就写几张便笺。
- **用记号笔写（避免使用自动铅笔、圆珠笔）。**用记号笔写出的字比较容易辨认。如果几十张便笺上的

字迹无法被认清，那么讨论工作就会受到阻碍。因此，会议组织者要考虑张贴的效果，选择能使字迹更加清晰的记号笔供参会人员使用。

- **横向撕便笺**。当我们撕标签时，如果是从下往上扯便笺的话，便笺的粘胶部分就会卷曲起来，黏性降低。但如果我们选择横向撕便笺的方式，就能够解决这个问题，使便笺牢牢地贴在白板上（见图 5-2）。

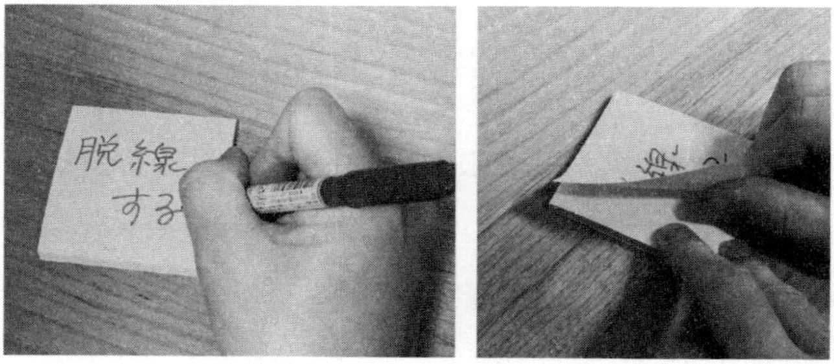

图 5-2　写意见、撕便笺的方法

也许有人会觉得这种事不值一提，但如果在会议讨论过程中便笺总是掉落一地的话，会议组织者还要花费时间将它们用胶水一个个贴回去。在小事上多下一点儿功夫，会有意想不到的收获。

会议组织者可以在参会人员撰写意见前，为他们讲解撰写方法，以保证讨论的顺利进行。

步骤 3：收集、整理便笺

参会人员写好意见后，会议组织者需要将便笺回收，并整理到白板上。具体步骤如下：

- 向距离自己最近的参会人员收集一张便笺。
- 将便笺贴到白板的左侧，同时读出上面的内容。
- 询问全体参会人员是否有人持类似的意见，并将相应的便笺收集起来。
- 收集完成后，将它们依次贴在左侧第一张便笺的下方，完成分类。

由此，一个竖列就完成了。这一列中汇集的都是相似的意见，因此自然而然形成了一个类别。之后，会议组织者按同样的步骤再整理出几个竖列，直至所有的便笺都被贴到了白板上，分类工作也同时完成。会议组织者应尽量将类别的数量控制在 7 ～ 10 个（见图 5-3）。

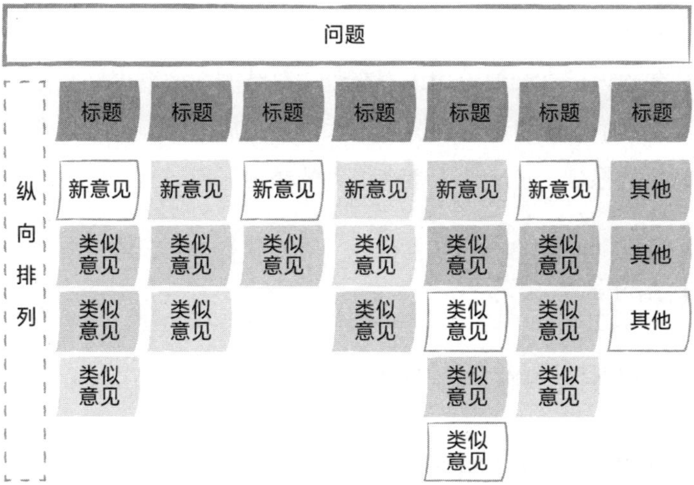

图 5-3　便笺的整理方法

此外，如果一些意见无法被归为某一类意见的话，会议组织者可以先将它们归入“其他”一栏中。

步骤 4：为每一类意见取标题

当所有便笺都贴到白板上，形成分类后，会议组织者就可以为每类意见进行概括，取一个标题。如果概括不了，可以从下列意见中选择一个最容易理解的描述，直接把它当作标题。

步骤 5：对照分类表，全员讨论

会议组织者为每类意见取好标题后，就可以开启讨论。参照会议组织者用 KJ 法整理完成的分类表，参会人员可以自由发言，表达自己的想法。贴在白板上的便笺可以保证全员的意见都被读取，会议讨论的效率也就提高了。

上述几个步骤大约会花费 20 分钟的时间。只要 20 分钟，会议组织者就能针对一个主题收集到众多意见，并整理完成，比起以往参会人员在会议上用语言交流、总结的效率高出好几倍。实际上，人们在进行语言交流时不太容易达成一致，这不仅会造成时间上的拖延，还会给人带来极大的精神压力。

KJ 法的 3 大技巧

应用 KJ 法展开会议讨论的技巧有 3 个。

技巧 1：禁止说明

会议组织者在收集和整理意见的过程中，要约束参会人员不去对自己写下的意见进行详细说明。

如果每个参会人员都要对自己的意见进行详细说明的话，那么分类进程就会变得极为缓慢，全体参会人员要接收的信息量也会过多。追加说明、发表感受等全员讨论的环节，可以放在意见整理完毕之后，这两个阶段必须严格区分开来。

会议组织者在贴便笺的过程中，要同时将上面的内容朗读出来。遇到好的意见时，会议组织者还可以加上一句简单的评论，如“这个意见不错”“太棒啦”“还可以从这个角度考虑啊”等。参会人员会由此得到极大的认同感，会议氛围也会变得融洽。

技巧 2：意见分类求效不求准

或许有人认为分类方法难以掌握，但其实在会议中，大致分类即可。例如，在讨论工作中出现的问题时，我们很容易就能够看出“沟通不足”和“沟通不畅”是一类问题。然而，有的人在面对“笑容不够开朗”“没有适合沟通的环境”“人与人之间隔阂太多”等描述时，或许会感到一丝迷惑，不知道应该将这几个意见归入沟通不足，还是归入新的类别里。

在我看来，这些内容都可以被归入沟通不足的类别中。

在后续的整理中，会议组织者还可能会收集到“有很多参会人员一言不发、面无表情”“有的人很少笑”等意见。这时，他可以往回看，把之前被归入沟通不足类别里的“笑容不够开朗”的便笺拿出来，贴入新创建的“笑容”这一类别里。便笺随时都可以移动，所以会议组织者应灵活行事。

比起分类的精细程度，分类的节奏和速度更加重要。便笺不能长时间停留在会议组织者的手上，更应尽快被展示出来。会议组织者大致整理好意见后，所有人便正式进入讨论环节。

技巧 3：类别数量控制在 7 ～ 10 个

会议组织者分类时，最好将类别数量控制在 7 ～ 10 个。5 个以下过粗，10 个以上过细。

KJ 法的必备工具

用 KJ 法收集意见时，我们会用到的工具包括摹写纸、便笺和记号笔等（见图 5-4）。

我强烈推荐使用质量好的摹写纸。对摹写纸投入能显著提升会议效率，属于必要的花销。

在便笺方面，我推荐使用粘贴牢固的便笺。价格便宜的便笺很容易从白板上掉落，重新贴上也很浪费时间。在便笺颜色的选择方面，我推荐包含了黄色、粉色、蓝色、绿色等各种颜色在内的混合套装。相比而言，多色便笺在展示时看上去会比单色便笺更显层次感，还能同时调节参会人员的情绪。

在记号笔方面，我推荐大家购买双头记号笔，参会人员可以用粗头撰写意见。这种笔的好处有很多，如书写清晰、不晕染后渗、不脏手等。这些细节看起来也许不足为奇，却能影响到会议能否顺利进行。会议组织者需要从细节入手，做好每一项工作。

便笺纸
（彩色，75mm×75mm）

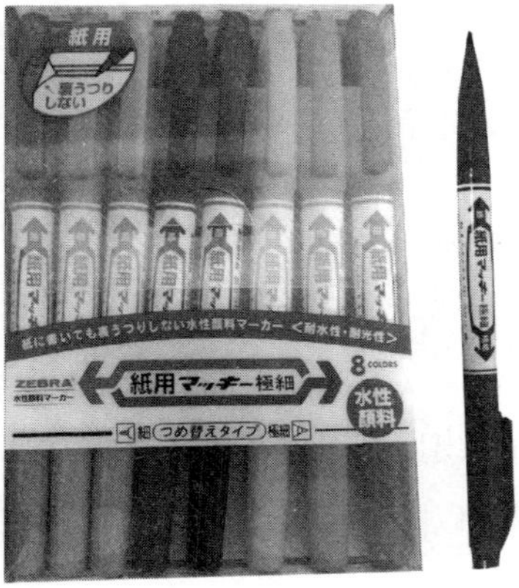

水性多色记号笔

摹写纸

图 5–4　会议工具示例

在 8 色套装记号笔中，除黑色记号笔之外，红色、绿色、蓝色记号笔也很好用，而黄色记号笔写出的字不太容易辨认，因此尽量避免使用。

运用 KJ 法提升参会人员对会议的认可度

运用 KJ 法，会议组织者可以在 1 小时内为参会人员提供约 3 次撰写意见、表达看法的机会。具体步骤如下：

- 参会人员在便笺上写下自己的意见。
- 会议组织者收集意见，并用白板进行整理。
- 便笺全部整理完成后，参会人员发表自己的想法。

在时长为 1 小时的会议中，会议组织者仅用 20 分钟就使参会人员体验到了极强的参与感，认识到自己的意见得到了重视。这个过程有利于会议实现高质量会议的必备条件之一，即参会人员的认可度高。

会议组织者在制定会议议程时，应该有意识地为参会人员创造多个表达意见的机会，而最容易实现这一点的方法就是 KJ 法。

在把握现状、提出理想状态、找出原因、收集解决意见等几个解决问题的步骤中，会议组织者可以找准多个时机，收集并整理参会人员的意见。

如果会议组织者经验不足，或许很难在 20 分钟内完成意见的收集和整理。而要解决这个问题没有捷径，唯有不断实践、积累经验。

ゼロから学べる！ファシリテーション超技術

第6章

引导参会人员达成70分的共识

人与人之间的分歧并非来自讨论，
而是因为各自参照的标准不同。

在专题会中，参会人员会基于主题提出各式各样的问题，在大多数情况下，会议组织者需要从众多问题中选出一个主要问题并寻求解决方法，而这就需要参会人员在会议中达成共识。也就是说，会议组织者要引导参会人员形成统一的意见。

在运用 KJ 法收集和整理意见的阶段，由于不需要参会人员进行相互沟通，因此整个过程通常比较流畅，不会产生较为明显的冲突。然而，一旦进入问题讨论阶段，参会人员之间就有可能争论不休。在这种情况下，会议组织者的引导和调控就显得尤为重要，他们必须起到稳定局面的作用。

达成共识要提前确认 3 个要素

在带领参会人员达成共识前，会议组织者要提前确认 3 个要素，即决策方式、事项的颗粒度和标准（见图 6-1）。

· 决策方式：选择其中一种。

· 事项的颗粒度：既不能过于细化，也不能过于粗糙。

· 标准：人人都有自己的标准。

图 6–1　达成共识

“全票通过 + 领导决定”，最有效的决策方式

决策方式一般包括全票通过、少数服从多数、由一位领导决定和抽签猜拳等。在此假设一场会议需要从以下 6 个职场问题中选出一个作为需要解决的问题：

- 员工沟通不足。
- 人才培养乏力。
- 业务缺少标准化流程。
- 管理不力。
- 员工的离职率高。
- 公司理念的宣传不够深入。

会议组织者会通过全票通过、少数服从多数和由一位领导决定等表决方式，从多个问题中选定要解决的问题，但这几种表决方式各有利弊，如图 6-2 所示。

种类	参会人员的认可度	讨论所需时间
1 全票通过	◎ 全体参会人员均认可	× 长
2 少数服从多数	× 少数派的认可度低	◎ 非常短
3 由一位领导决定	△ 相当微妙（取决于领导的威信与决策方式）	○ 短
猜拳、抽签	禁止使用	

图 6-2　各决策方式的利弊

全票通过

全票通过意味着会议决议得到全体参会人员的认可。用这个方式得出的结论无疑会获得参会人员的高度认可，却也需要长时间的协调过程，因为参会人员一定会就此产生激烈的争论。实际上，全票通过是可遇不可求的，因为人们在一些问题的讨论上总会陷入胶着的状态。

前面提到的 6 个职场问题在现实中确实存在，而我们在讨论应该先解决哪一个问题的时候，或许无法达成统一的意见。我认为，除非部分参会人员审时度势、主动妥协，否则全票通过是不可能实现的。

因此从一定意义上来讲，现实中没有真正意义上的全票通过。

少数服从多数

少数服从多数的方式落实决议时，参会人员举手表决即可，因此只会用到几分钟的时间。然而在这一过程中，少数派会感到自己不被尊重，参会人员的认可度也随之降低。

少数服从多数，其实是一种特定群体筛选少数派，并进行排外的手段。

因为少数派的意见是少数意见，所以会议不予参考，从而极大地打击了这类人的积极性。同时，少数派还有可能与多数派产生摩擦，前者认为既然会议顺应后者的意见做出决定，那么具体工作也应该由后者独立进行、全权负责。所以说，少数服从多数也并不是一种完美的决策方式。

由一位领导决定

在会议中，由一位领导或会议组织者来做决定，所需的讨论时间较短，因此具有一定优势。

但如果领导独断专行、强硬决策的话，参会人员的服从度一定会有所减弱。这个方式十分考验领导的能力与号召力，因此也不算是一种完美的决策方式。

那么，我们究竟应该用什么方式进行决策呢？

全票通过 + 领导决定

我从自身引导会议的实践经验中，摸索出了一套新方法，即“全票通过 + 领导决定”的混合决策模式，如图 6-3 所示。运用这个方式得出的决策，能得到参会人员的高度认可。

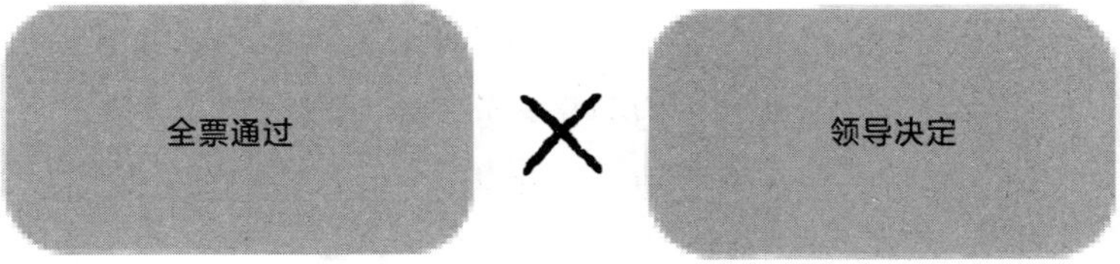

图 6-3　参会人员认可度高的决策方式

这个方法的规则是：

- 明确提出在规定时间内尽量达成全票通过。
- 领导尽可能多地倾听参会人员的意见，大家可以按顺序进行多轮发言。
- 在规定时间内未能全票通过的话，由领导最终决定。
- 会议开始之前，告知参会人员会议规则，并取得他们的认可。

这个方法能够为参会人员提供多次陈述个人意见的机会，让参会人员认识到自己的意见得到了重视，放下心来，从而在一定程度上提升对会议决议的认可度。

就我个人来说，到目前为止，“全票通过 + 领导决定”的混合模式是最有效的决策方式。具体的实施步骤如下：

1. **投票**。会议组织者要请参会人员从所提出的诸多问题中选出 2 个自己认为最应该解决的问题。
2. **听取理由**。会议组织者请参会人员依次发言，谈一谈自己选择某 2 个问题的理由。待所有人发言完毕后，请大家再分享一下听到其他人发言后的感想。在这个阶段，会议组织者一定要听取全体参会人员的意见。
3. **全员讨论**。会议组织者请参会人员进行讨论，将问题最终锁定为一个。一般来说，这个环节需要 7 ～ 8 分钟的时间，会议组织者要时刻关注参会人员的状态，尽量让他们充分地参与进来。例如，当会议组织者发现有的参会人员一直没有发言时，可以向对方抛出一个话题。

   为了在规定时间内让全体参会人员达成共识，讨论环节不能占用太长的时间，只要参会人员认为自己的意见被大家所接纳就可以了，因为这时他们对会议的认同感已经在一定程度上得到了加强。
4. **领导决断**。领导可以先向参会人员表示感谢，再传达自己的决定。此时，领导要向大家进行解释：“一直讨论下去或许大家也很难形成一致意见，因此由本人做出最终决定。”然后提出结论：“在这 6

个职场问题中，让我们先来解决第一个，即员工沟通不足的问题。”

至此，参会人员已经充分表达过了自己的意见，即便领导的决定与自己的选择不符，他们也能够接受。

相信大家已经意识到，在会议中，让每一位参会人员对会议决议的认可度十分重要，具体可以概括为：

他人耐心倾听自己的意见＞会议决议的正确性

比起会议决议的正确与否，参会人员更重视自己的意见是否得到了表达，是否被他人所接受。

有时候，我们能够认识到会议的决定是正确的，但就是没有办法从心底认同。这或许是因为在会议过程中没有人去倾听我们的意见，导致我们产生了不满情绪。相反，如果我们的意见得到了大家耐心的倾听，即使这个意见最终没有被采纳，我们也能够认同会议最终的结果。

其实，参会人员内心对会议的认同感是从表达与他人的倾听当中产生的，与最终决定的正确与否关系并不大。

因此，**会议组织者要给每一位参会人员同等的发言机会，让他们多去表达自己的意见，这么做可以显著提升全员对会议结论的认可度。**

确定会议事项的颗粒度

在参会人员达成共识前，会议组织者需要先确定几项内容，如决策方向、具体的工作内容和方法等。这时候，颗粒度就成为会议组织者必须考虑的问题。

大家是否产生过这样的想法：为什么这种细节也要提前决定呢？有的决定太过宽泛，接下来具体应该怎么做呢？

而对于会议组织者来说，应该以什么样的颗粒度为标准在会议中进行决断呢？

我认为，颗粒度的标准应该控制在会议结束后，参会人员可以直接根据会议结论开展工作的水平。

也就是说，每一位参会人员在离开会议后，能够准确把握自己的工作方向，知道自己应该做些什么。当参会人员中有新员工时，大家可以讨论得更加详细一些；当老员工占多数时，大家在讨论时把握主线即可。

根据参会人员的具体情况确定颗粒度的标准，会议效率就会得到极大的提升。

举个例子，某公司的销售负责人召集领导与同事参会，会议主题是优化面向客户的提案，该负责人想要通过优化提案，吸引客户对公司产品产生兴趣。会议信息如下：

客户提案优化会

发起人：销售负责人

参会人员：销售负责人的领导与同事

目的：制作吸引客户兴趣的提案

任务：优化销售负责人制作的提案草案

在会议中，销售负责人作为会议发起人，需要根据自己的经验，发挥自己的能力，思考推动会议进行的方式和颗粒度标准。

如果是经验丰富的销售负责人，只要稍微听取一下领导和同事的建议及意见，得到工作方向上的大致结论，如增加有说服力的数据、使内容可视化等，就可以结束会议，开始自行修改提案了。

但如果是经验不足的销售新手，就有可能需要与参会人员确认提案每一页的内容，讨论表达细节，甚至一字一句地进行推敲。会后，销售负责人只要严格按照大家的意见进行修改就可以了。

在这个例子中，会议组织者本身也是修改提案的执行者。如果执行具体工作的人是一位参会人员的话，那么会议组织者就要准确判断该人的业务水平，设置合适的颗粒度，让会议结论能够引导对方顺利地完成工作。

将标准可视化，找到共通之处

在达成共识方面，还有一项非常重要的工作需要会议组织者完成，那就是提出标准。

人在做决定的时候一定会提前参考一些标准进行判断，但由于人与人所秉持的标准不一，产生的意见就会出现分歧。换句话说，人与人之间的分歧并非来自讨论，而是因为各自参照的标准不同。

如果会议组织者将标准可视化，就能帮助大家寻找相互之间共通的部分，使大家更容易达成意见上的统一。

那么，标准究竟指什么呢？下面举例说明。

假设某公司准备进行 2 天 1 夜的团建旅行，共计有 5 位员工参加。公司为每位员工提供了 3 万日元（约 1 400 元人民币）的旅游经费，超出的部分则由员工自己负担。旅游的目的地交由 5 位员工自行商议，已知公司所在地是东京，员工的居住地包括东京、神奈川和埼玉。

这 5 个人很快召开了第一场计划会，主题是确定旅游目的地。在会议组织者的推动下，他们展开了以下讨论：

议题：每个人提出一个想去的地方。

箱根。

A

草津。

B

北海道。

C

迪士尼。

D

银座。

E

可以看到，每个人的意见都不一样，如果继续讨论目的地应该定在哪里的话，恐怕大家会吵成一团，最终声音大的人掌握了主动权。那么，怎样才能让所有人讨论出一个一致的结论呢？答案非常简单，那就是请每个人谈一谈选择某个目的地的原因。在这里，每个人选择某个目的地的原因，其实就体现了这个人的标准。会议组织者要做的就是将这个标准可视化。

会议组织者可以这样问："大家可以谈一谈选择这个目的地的标准和理由吗？"参会人员给出了如下回答：

去箱根。我想泡温泉，好好放松一下，再品尝美食。

A

B：去草津。我也是想泡温泉，同时感受一下远离城市的自然风光。

C：去北海道。好不容易出门，我想坐飞机去一个离东京很远的地方，品尝美食。

D：去迪士尼。距离东京近，交通便利。还有就是想经历一场非凡的体验。

E：去银座。想吃高级寿司！

5个人各自给出了自己的理由，看上去五花八门，但仔细一看，你就会发现他们的表述中有很多相同之处。如“想好好放松”“想品尝美食”等理由，已经重复出现了几次，而达成共识的钥匙就隐藏在这些相同之处中。

对此，会议组织者需要先对这几个人的标准进行整理，再用决策矩阵解决问题。

决策矩阵是一种决策工具，人们可以运用它对选项进行评估和排序。它并非主观定性的分析方法，而会对各选项进行客观定量的分析。

会议组织者在将A～E的标准进行整理之后，得到如下5项内容，并且据此制作了决策矩阵：

- 好好放松（有温泉）。
- 品尝美食。
- 感受大自然。
- 体验非凡经历。
- 交通时间尽量短。

每个标准的重要程度并不完全相同，所以会议组织者需要为各标准设置权重，而在设置权重时也要充分听取参会人员的意见。

如图 6-4 所示，经过讨论，箱根与北海道得分相同。箱根几乎满足了各项标准的要求，在箱根，人们可以放松、品尝美食、感受大自然、获得非凡体验，而且交通时间并不长。而北海道在部分标准中表现极佳。

标准	候选目的地				
	A 箱根	B 草津	C 北海道	D 迪士尼	E 银座
好好放松（有温泉）	◎	◎	○	×	×
品尝美食	○	△	◎	○	◎
感受大自然	○	○	◎	×	×
体验非凡经历	○	○	◎	◎	×
交通时间尽量短	○	△	×	◎	◎
合计分数	11	9	11	8	6

◎：3分　○：2分　△：1分　×：0分

图 6-4　使参会人员意见可视化

事实证明，可视化操作对参会人员达成共识起到了十分积极的作用。而相比于单一的打分制度，运用决策矩阵能够为我们提供更加合理的参考，参会人员可以通过矩阵结果迅速达成共识。

当会议组织者明确标准后，每位参会人员的期待点以及人与人之间的相同点就能够一览无余。此后，全体参会人员可以就此讨论各标准的重要程度，并由会议组织者在经过充分考虑后做出最后的决定。

在达成共识方面不强求 100 分

本章最后，我想提出一个关键的要点，那就是在达成共识方面不要强求 100 分。

在会议中，我们讨论的往往是没有标准答案的话题，因此在大多数情况下，我们会根据决策方式、颗粒度和标准来确定方案，这么做能确保会议得出一个令人满意的结论，却并不能让所有人百分之百满意。如果一场会议最终在 A 与 B 两个方案中选择了 B，那么坚持 A 更好的参会人员虽然通过表达自己对会议结论产生了一定的认同感，但内心仍很可能认为 A 才是更好的选择。

如果会议组织者想要让所有人都心服口服的话，那么会议将开起来没完没了。因此，我认为会议组织者不要强求 100 分，而是要抱着 70 分就万事大吉的心态来面对会议结论。70 分以上的全员认同是一条分界线，在这种情况下，虽然有的人并未全盘接受，但整体上大家没有异议。如果参会人员口头上认同，表情上却显现出消极情绪的话，是不能被归入 70 分以上的范畴的。

如果有多个参会人员对会议结论给出了 70 分以下的评论，那么会议组织者可以补充说明自己已经认识到本次会议并没有达成既定目标，然后在下次会议开头占用一段时间，再次对参会人员的意向进行确认。

没有必要强求 100 分，70 分左右就可以了。在这种情况下，参会人员同样能够在会议结束后 100% 投入后续的工作当中。

ゼロから学べる！
ファシリテーション
超技術

第 7 章

为参会人员创造安全感十足的环境

对于会议组织者来说，最重要的心态就是“保持中立”。

对于会议组织者来说，保持中立的心态很重要。会议组织者要做到 100% 地信任参会人员，接纳并且尊重他们的意见。

会议组织者一定要保持中立

如果参会人员感受不到会议组织者包容的心态，就很难表达出自己真实的感受。保持中立这件事看起来简单，做起来却并不容易，因为每个人都有自己喜欢的人，也有自己不喜欢的人。每个人的价值观都有所不同，可即便如此，会议组织者仍应该在态度上保持中立。

在会议中，拥有不同经验与价值观的人们汇集一处，每个人分享自己的所知所想，可以产生意想不到的积极效果，推动会议组织者发现更有效的问题解决策略。

会议组织者要牢牢记住这一点，让自己时刻保持中立，

100% 接纳参会人员的意见，唯有如此，我们才能够举办出高质量的会议。

此外，会议组织者需要认识到，接纳与赞同并不是一回事。

接纳指的是即便对方的想法与我的想法不同，我也要尊重对方的想法。但这不代表我赞同对方的想法，而是代表我承认这个想法的存在。

注重参会人员对会议的认同感

会议组织者一定要重视参会人员对会议的认可程度。虽然在会议中，由领导拍板决定的情况时有发生，但是以开会为契机与参会人员共同决议，会议结论才能得到更多人的认同。参会人员对会议认同与否会对他们往后的工作积极性产生很大的影响。

例如，在一项工作中，会议组织者可以采取以下方式，将 10 个任务分配给 5 位参会人员。分配的要点如下：

1. 一共 10 个任务，每个人完成 2 个。
2. 每个人自行挑选。
3. 如果有选择重合的部分，可以进行商量。

会议组织者要面带微笑，将以上 3 点传达给参会人员，并倾听他们每个人的想法。如果他们想要完成的任务确实出现了重合，可以进一步做沟通。

通过这个方式分配任务用时很短，约5分钟就足够，而且参会人员的认可度也会很高。那么，为什么这种分配方式效率很高呢？

因为所有参会人员都能够自己挑选任务。与被领导要求完成任务不同，员工如果能够自主选择任务的话，工作积极性自然会有所提升，工作表现也会更好。

有一项研究显示，在同等条件下，员工自发完成的工作数量，大约是被上级要求完成工作数量的4倍。

我也在培训班对学员进行过类似的调查，当时我问大家："请问你被要求完成的工作，与自发完成的工作相比，工作效能会有多大差别呢？"并且给出了自发完成工作与被要求完成工作之比的3个选项，分别是2∶1、4∶1和10∶1。结果，有20%的人选择2∶1，40%的人选择4∶1，40%的人选择10∶1。

选择10∶1的人，在自发完成工作时一定能迸发出更多的能量。而面对被分配的工作时，恐怕他们的干劲一下子就消失了。

人们总是更重视自己做出的决定，想要体会到"自我决断感"。

同时，对于自己决定了的事情，人们通常会抱有极强的责任意识。**因此，领导在会议中应该给予参会人员一定的空间，让他们自己选择工作任务。**虽然领导有时在安排任务时也可以做到人尽其才，但是领导并不能完全掌握下属的喜好、优势、当下的工作负荷，还有希望挑战的事情，从而对症下药。可以说，很多领导掌握的员工信息不过是表面的。

最了解员工的人还是员工自己。**员工自己选择工作任务，才能达成人尽其才的理想状态。**在选择自己想要完成的工作后，大多数人都不会想着去偷懒，而是会踏踏实实地积累经验、做出成绩。

当然，领导是有自己的考量的，有时他们希望由特定的人来完成特定的工作。在这种情况下，领导可以直接和员工沟通，在得到对方的同意后进行调整。

营造良好氛围的 6 个方法

会议组织者的任务之一就是营造良好氛围，鼓励参会人员踊跃发言。会议组织者要想让参会人员放心大胆地提出自己的想法，就一定要创造安全感十足的会议环境。

谷歌研究团队曾进行过一项名为亚里士多德项目（Project Aristotle）的调查研究，该研究于 2012 年启动，历时约 4 年。调查研究的结果显示：加强员工的心理安全性，有助于提升团队绩效。心理安全性也被该研究团队称为完美团队的 5 大软因素之一。

加强员工的心理安全性是一件非常困难的事情，而会议组织者在营造安全感十足的氛围时，就是在完成这一重任。

接下来，我将为大家介绍会议组织者如何为参会人员营造安全感十足的会议氛围的具体方法，每一个方法都没有实践上的难度。

方法 1：保持微笑

会议组织者要在会议中有意识地时刻保持微笑。

会议组织者在最开始实践这个方法的时候，可以先用假笑来找一下感觉。我之前曾在财务部门工作过，当时的我总认为最重要的事情就是检查数字的正确与否，笑与不笑都无伤大雅，所以在刚开始担任会议组织者时总是头痛不已，笑不出来。不过，哪怕是强迫自己假笑，久而久之笑容也会慢慢变得自然。保持微笑非常重要，我们一定要做到这一点。

方法 2：保持站立

保持站立并不是硬性要求，不过我个人因为需要在会议中用白板整理信息，所以会长时间站立。同时，当获取来自各方面的意见时，我能够以站立的姿势及时做出反应。

此外，站立的人更容易被参会人员所注意到，所以会议组织者站着推进会议会更加顺利。

方法 3：不要抱臂

在公司里，我们有时会见到双手抱臂的员工。抱臂这一动作一般反映出了该人自我防卫、自我保护的心情，它代表着拒绝别人，偶尔还会给人一种压迫感，因此我们自己要有意识地避免做这个动作。

方法 4：提高音调

低沉的嗓音听起来冷静持重，但也有可能令人感到畏惧。因此，会议组织者要有意识地控制情绪，适当提高音调。此外，当会议组织者刚开始引导会议时，说话速度听上去往往会比平时要快。因此，会议组织者还应像演讲者一样，有意识地放慢说话的速度。

方法 5：不否定别人

当会议组织者接收到和自己的想法完全不同的意见时，不应该急着否定。

如果遇到了自己完全接受不了的意见，会议组织者可以简单地说一句“原来还有这样的想法”，不批判，也不否认。

否定别人是一件非常简单的事情，但我们可以尽量去寻求各种意见中好的一面，加以肯定。例如，我们可以说：“真是有趣的想法。”通过转变看法，我们就能发现很多意见既可以被解释为好的、正确的，也可以被解释为不好的、错误的，而会议组织者需要做到的就是选取意见中较为积极的方面。

不否定别人，尽量使用积极的表达，也有助于推动会议的顺利进行。

方法 6：积极回应

参会人员提出意见后，会议组织者应该积极做出回应，可以口头夸奖道“这个意见真不错”，或者点头表示赞同。有时，在时长为 1 小时的会议里，我会说 100 次左右的“不错”。参会人员在接收到这个回应后，也会切实地放下心来，参与其中。

给予参会人员 100% 的信任、接纳与尊重

对于会议组织者来说，参会人员中一定有同自己合得来的人，也有同自己合不来的人。此外，会议组织者还可能会对一些讨论上的分歧有所倾向。

但会议组织者始终不能忘记，自己在会议中要保持绝对的中立。这是因为会议召开的终极目标是推动员工在工作中有更加出色的表现，既然如此，会议组织者就不应该在引导会议时夹杂私人感情。

要想帮助员工更出色地完成工作，会议组织者就必须为每一

位参会人员营造安全感十足的会议氛围，让他们提出足够多的意见。因此，会议组织者必须给予参会人员 100% 的信任、接纳与尊重。

具体的做法如前所述，即积极给出回应，不否认他人的意见，并保持微笑。

只要将这些沟通技巧贯彻到底，会议组织者就一定能够认识到人多力量大的道理。一旦明白了这个道理，会议组织者自然就会对所有参会人员报以尊重。

用心布置会议室

会议的环境同样需要我们加以重视，用心布置。从我个人的经验上讲，理想的会议室应该具备以下特点：首先，房间应带有明亮的窗户；其次，会议室的面积不要太大，这是因为参会人员挤在一起，更容易产生讨论热情。

会议室的布置方式有很多种，包括离岛式、课桌式和 U 字式等，如图 7-1 所示。一般来说，桌子与桌子之间距离较近的离岛式布置方式会比较好。

而在专题会中，会议组织者需要营造较为轻松的讨论环境，因此可以准备不限量的点心和饮料，还可以播放几首应景的背景音乐。

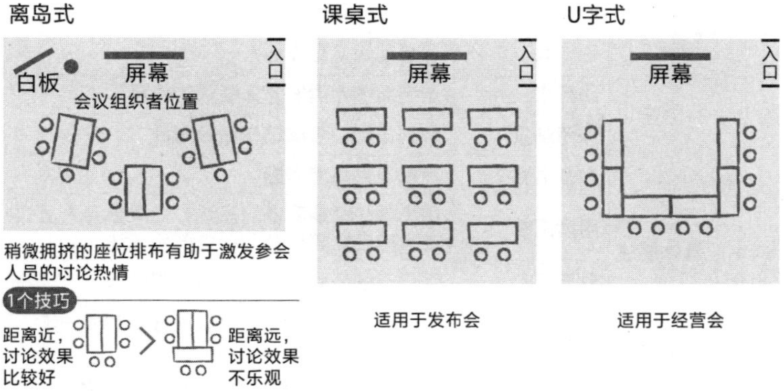

图 7–1　会场布置方式

用“今天的会议怎么样？”结束会议

在会议的最后，会议组织者可以占用约 5 分钟时间，从参会人员处收集一些反馈，以检视自己的表现。会议任务对照清单如表 7–1 所示。

表 7–1　会议任务对照清单

会议设计	会前	目的明确	明确会议目的
		会议议程	制作会议议程
	会后	议事录	整理照片和必要的文字事项
会议推进	会议开头	前情回顾	简单回顾上次会议的内容，提高参会人员的专注程度
		本次会议目标	向参会人员明确本次会议的目标
	会议结尾	下次会议预告	简单说明下次会议的内容及讨论方式
		本次会议感想	各参会人员用一句话分享心得

续表

行为举止	行为举止	动作大	尽量动用全身表达
		动起来	走到能够看清发言人表情的位置
		保持站立	必须做到，可以站在白板附近
		声音洪亮	声音要洪高而清晰
	具体描述	用词简单	用小学生都能听懂的表达；如果参会人员的发言内容比较复杂，帮忙简单转述
		分享经验	用自己的经验举例，简单说明问题
	专心推进会议	确认进展	对照会议议程，确认会议进行到了哪一步，并告知参会人员
		分享经验	不指手画脚，而是信任提出了意见的参会人员
	节奏		节奏很重要，不能停滞
	计时人		严守时间规定
营造安全感十足的氛围	接纳	不否定	不否定参会人员的意见
		肯定	沟通的基本前提是接纳
	表达谢意	夸奖	发现优点、给出回应
		鼓掌	拍手赞同，如果感到不好意思的话就多做尝试，养成习惯
		口头感谢	诚心说出“感谢”两字
	积极	积极向上	任何时候都要向前看
		营造氛围	尽全力营造令人安心的氛围（这一点十分重要）
收集信息	鼓励参会人员提出意见	询问全体参会人员的感想	贯彻执行
		倾听	听一听大家的关注点
整理信息并将其可视化	KJ法	乱用	总之用KJ法就对了！
		举例	自己准备2～3个回答，作为给参会人员的提示
		不设限	让参会人员开动脑筋，提出更多的意见
		大声读出参会人员的意见	出乎意料地重要
		快速分类	习惯成自然，多做尝试
	可视化、具体化	可视化	把所有的想法都写出来
		具体化	用具体描述代替抽象思考，让所有人都能看明白
		白板	把所有内容都写出来
决策方式	让所有参会人员都认可		让每个参会人员对会议的认可度都在70分以上

这张表有很多用处，不仅可以在会议组织者收集反馈时呈现给参会人员参考，还可以用作会议准备时的任务清单。

在会议结束前，会议组织者可以向全体参会人员提出以下问题:“你觉得今天的会议怎么样？”

如果会议组织者向参会人员问出的是对会议的满意度，那么很多人或许不太愿意回答。但是如果会议组织者转换一个问法，例如:“你觉得今天的会议怎么样，谈一谈感想吧”，那么想要发言的人就会多起来。

这是因为感想代表的是个人的主观想法，人们不会对他人的心得产生什么意见，所以大家都能就感想轻松地说上几句。

只要稍微注意一下措辞方式，会议组织者就能达到事半功倍的效果，听到参会人员更多的真实想法。

内心不太认可会议结论的参会人员，就算嘴上说着“挺好的”，也会在音调等方面流露出不满意的情绪。还有些参会人员说话时支支吾吾，也能让人明显地看出他并不满意会议结论。

因此，在参会人员分享心得的过程中，我个人会仔细观察他们的表情、态度和音调，以确认他们对会议的认可程度。

● 会议精进秘籍

你能否信赖团队成员，尊重集体意见

曾经的我并不能完全信任团队成员，更没有办法把工作全部交给他们去完成。然而，有一件事改变了我的看法，自那以后，我会向团队成员表明自己的意见，但绝不会逼迫他们赞同这个意见，并且会尽量尊重他们的想法，同他们一起做出决定。

在某次会议上，大家讨论出了 A 和 B 两种方案，而我个人倾向于 A 方案，因为该方案中的不确定因素较少，有可预见性的成果。但是，其他大多数参会人员主张采用 B 方案。

积累了一定经验的我知道，选择 B 方案意味着未来要面对很多需要解决的问题，因此，我没有听取大家的想法，决定采用 A 方案。这时，有团队成员对我说道："既然您坚持 A 方案，那么就请您负责后续的执行吧。"自己的决定只能由自己承担后果，因此我一个人艰难地完成了这项任务。

没过多久，类似的情况又出现了。这时，我想起了会议组织者的准则之一，即保持中立，给予参会人员 100% 的信任与尊重，于是这一次我不再单纯关注结果，而选择去尊重大多数人的意见，采用了大多数人选择的 B 方案。事实证明，B 方案在施行过程中确实产生了很多问题，而就在我准备紧急调整方案时，团队成员却给我带来了很大的惊喜，他们开始积极承担起责任，四处奔走，解决了一个又一个问题。

最终，这项工作圆满完成，虽然经历了一些磨难，但取得了意料之外的成果。也是在那一刻，我切身感受到了信赖的重要作用。

这个经历让我深刻反思了自己以往的做法，并决定以此为契机，未来要完全信任团队成员，充分尊重下属的意见。

从那以后，大家在工作上也表现得越来越积极，甚至超出了我的预期，团队合作也越来越出色。

领导应该时刻保持中立，信任下属，放心地把工作交给他们完成。很多人明白这个道理，却难以付诸行动。我建议大家不要再犹豫，要信任下属，尝试把工作全权委托给他们。这么做一定会产生意想不到的效果。

ゼロから学べる！
ファシリテーション
超技術

第 8 章

让线上会议与线下会议同样高质量

按照线下会议的标准创造条件准备线上会议。

如今，线上办公、居家办公等工作方式越来越普遍。几乎可以断定，未来公司召开线上会议的情况将越来越多。近年来，我举办过多个线上会议和培训班，参加人数从几个到几十个不等。

因此，本章在介绍线上会议沟通工具使用方法的同时，为大家提供高质量线上会议的引导思路，帮助线上会议达成与线下会议相同的效果。

按照线下会议的标准准备线上会议

我曾就线上会议中的问题，采访过 30 位活跃在一线、具有丰富线上工作经验的公司员工、培训讲师，他们反映的具体问题如下：

- 不知道使用什么线上会议工具。
- 网络状况不佳。

- 周边环境差（如噪声）。
- 有的人不熟悉工具软件的操作方式（或使用不熟练）。
- 无法把握参会人员的情况（不知道参会人员是在开车，还是坐在自己家里）。
- 有的人排斥开视频（如露脸、露背景等）。
- 听不清会议声音（如声音断断续续、有杂音）。
- 很难捕捉到参会人员的反应。
- 沟通节奏不好（如不好掌握发言时机、很多人一起发言）。
- 无法进行私下沟通。
- 可视化操作有困难。
- 共享屏幕播放不顺畅。
- 通信负荷大。
- 参会人员总是保持着一个姿势，容易疲劳。
- 抵触线上办公。

以上这些问题之所以会产生，基本上是因为没有真实的会议室存在。

线下会议室有很多优势，如环境安静，发言声听起来清晰，容易把握参会人员的表情等反应，所讨论的内容也能用白板等工具进行可视化处理。而线上会议是要在这些方面下功夫，尽量改善条件。

也就是说，让线上会议高效运行的诀窍就是按照线下会议的标准去准备线上会议。

线上会议中会议组织者的 4 个任务

会议组织者作为引导会议的人，在面对线上会议时，需要投入更多的精力。以下是会议组织者在线上会议中的 4 个任务：

1. 会议发起人/会议组织者确认网络状态（如摄像头、麦克风）。
2. 提前 5 分钟进入会议室，从而有更充裕的准备时间。
3. 会前确认参会人员所处的环境以及会议工具的操作情况。
4. 制定线上会议规则并告知参会人员。

可以看出，相较于线下会议，会议组织者需要在线上会议完成更多的工作，且操作会议工具本身就是一个很重要的任务。大家实际操作一下就能明白，边操作工具边进行引导是非常有难度的，尤其是在参会人员人数较多的情况下。

一般来说，线下会议只需要会议组织者和参会人员出席就可以了。但是在线上会议中，还应该根据需要配备一名专门负责操作会议工具的人。

很多会议引导经验丰富的会议组织者认为引导线上会议很困难，但我们仍要带着信心去尝试，相信自己在线下积攒的会议引导经验一定可以发挥作用。下文将围绕上述 4 个任务进行讲解。

选择合适的线上会议工具

很多人在准备召开线上会议时，不知道应该使用什么工具。因此，本节将为大家介绍 5 个线上会议工具。

Zoom

Zoom 软件工具全终端通用，支持视频会议及文字信息交流，操作极其简单，对参会地点及设备没有任何要求。该工具网站界面如图 8-1 所示。

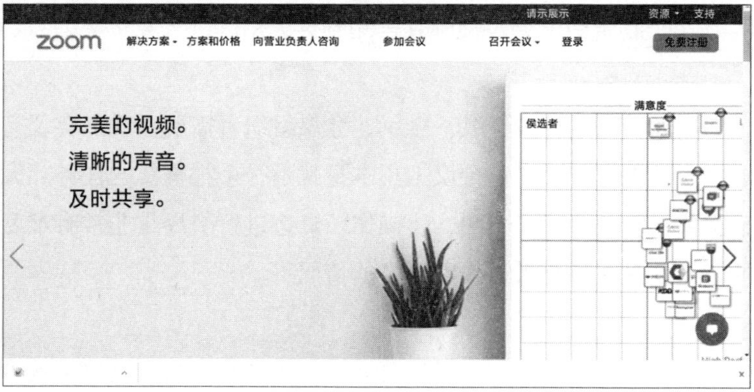

图 8-1　Zoom 界面

运用 Zoom 参加会议时，参会人员点击会议组织者发送的邀请码即可进入会议。它不需要注册，参会成本较其他线上会议工具更低，因此用户规模较大。

但是，也有人对 Zoom 的安全性提出了质疑，一些日本企业也将它拉进了黑名单，不过，我个人仍然推荐 Zoom，因为它的分组功能十分强大，我们在进行培训时常会用到。

Microsoft Teams

Microsoft Teams 是由微软开发的线上会议工具，它的安全性高，适合参会人员相对固定的常规会议，如法人定期会议、项目定期会议及企业间定期会议等。作为微软系产品，它的文件上传功能十分便利，这是一个不小的优势。该工具网站界面如图 8-2 所示。

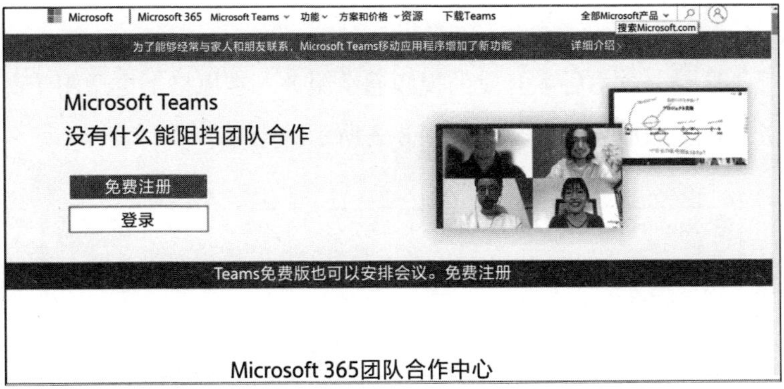

图 8-2 Microsoft Teams 界面

Skype

Skype 是微软旗下的一项网络电话服务，面世时间早，知名度也高。它对网络质量的要求较高，当网速不好时，视频服务的音质、画质都会受到影响。并且，当同时有其他应用程序时，

Skype 的运行极有可能受到干扰，因此我们一定要在使用前评估网络质量。

Meet Now

这是一项由微软开发的基于 Skype 的新功能，它的优势是可以直接从浏览器进入，无须下载客户端，无须注册。这对于初次参与线上会议的用户来说十分方便，因此该功能适用于举办偶发性会议。

Google Meet

这是一款由谷歌开发的视频通话服务，在风格上更适用于商务会议。该服务网站界面如图 8-3 所示。

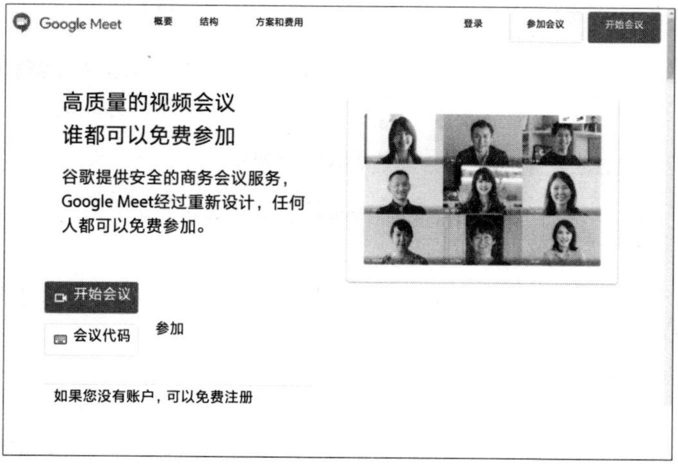

图 8-3　Google Meet 界面

Google Meet 与谷歌共用一套隐私保护体系，包括基础架构、安全功能和全球网络。Google Meet 的视频会议功能在受到加密保护的同时，还提供了多种防火墙功能，为会议的网络安全提供保障。

除了以上提到的线上会议工具，市面上还有很多其他线上工具，我们可以参照以下标准进行选择：

- 下载便捷。
- 参会方便。
- 网络顺畅。
- 安全性高。
- 实用性强。
- 价格合理。

上述工具都有供人免费使用的版本，虽然免费版对参会人数、会议持续时间有所限制，但依然极具实用性。大家可以先试用一下所选软件的免费版，如果感到满意的话再购买收费版。

开启摄像头前需要解决的 3 个问题

在参加线上会议时，每个人都会面临一个问题，那就是要不要打开摄像头。

我个人认为应该打开，不过也有很多人选择关闭。但若是参会人员互相看不到表情，就会对会议讨论效果产生一定的负面影响。

有些人不想打开摄像头的原因，无非就是认为自己不上镜，不想暴露穿着，不愿意把背景照进去等，因为他们希望在家里能更加放松，状态也能更加随意，从而不想把自己私底下的状态展现给外人。本节提供了解决上述问题的方法。

解决形象问题

调高镜头角度

如果我们俯视摄像头，那么镜头中呈现的画面会更突出人的下巴，导致我们在镜头里的形象和平时不太一样。对此，我们可以拿几本书垫在电脑下面，让摄像头从稍高的位置拍摄我们的脸部，使我们的形象看上去更加自然。

与摄像头保持合适距离

如果摄像头离我们太近，拍出来的就会是我们的特写，而现实中没有人会这么近距离地与他人交流。对此，我们可以把摄像头的位置调远一些，移至画面显示出我们胸部以上的身体部分即可，这会给人以自然的印象。同时，高性能的摄像头也能使我们的形象更加漂亮，经常组织会议的人最好准备一个。

用圆环灯补光

仅靠房间灯光的话，摄像头拍出的画面较暗，导致人在镜头中看起来没有精神，但用圆环灯就可以解决这个问题。它可以帮助我们明显改善自己在镜头画面中呈现出的气色，我个人比较推荐。

把摄像头角度稍微调高、调远，再用上圆环灯。做到这几点，我们在画面中看起来就会十分接近自己在现实中的状态。

摄像头和圆环灯的具体形式如图 8-4 所示。

图 8-4　摄像头和圆环灯

解决着装问题

如果我们在家里穿着家居服参加线上会议，那么不仅自己提不起精神，还有可能影响到其他参会人员。因此，我们仍需要注意一下着装的正式程度。

当然，我们也没有必要打扮得过于时尚，选择平时去公司时会穿的衣服就可以了。而遇到身体状态不适或者时间紧迫等特殊情况时，我们可以用软件的自动化妆、自动变装等功能来整理我们的形象。

解决背景问题

如果我们需要经常参加线上会议，那么就应该把家里的一处空间当作办公室来打理。

我们还可以运用软件功能来解决背景问题。例如，Zoom 有一个很实用的功能，即一键设置虚拟背景，把实际的背景转换成我们喜欢的照片。Microsoft Teams 也带有同样的功能，因此可以预见，在不久的将来，设置虚拟背景会成为所有线上会议工具的标配。

在线上会议中，参会人员一般很难找到可以闲谈的话题，而背景照片就是一个不错的引子，有助于参会人员破冰。

最后，我想再次强调让参会人员开启摄像头的重要性，因为只有这样，会议才能高效进行。

不过，开启摄像头会占用网络流量，因此参会人员可以视情况切换，在必要的时候开启，不用的时候关闭即可。

音质问题用头戴式耳机与静音功能来解决

声音不清晰、杂音多是线上会议的又一大弊端，可能会对会议效果产生较大的影响，因此，会议组织者要尽量保证参会人员能够听清楚其他人说话的声音。在保证网络质量与环境安静的同时，会议组织者还可以尝试以下两个方法。

使用头戴式耳机或高性能收音设备

有的电脑自带的收音功能性能一般，导致人们听不清对方讲话的声音。因此在组织线上会议时，会议组织者应尽量使用头戴式耳机，并把麦克风位置调整至嘴边，这么做会改善收音效果。此外，会议组织者还可以直接买一套高性能的收音设备（见图 8-5），以提升声音的清晰度。

图 8-5　收音设备

充分利用静音功能

在参会人员数量较多的情况下，从麦克风传出的环境噪声会让人听不清发言的声音。此时，发言者之外的参会人员可以用电脑自带的静音功能来屏蔽自身周围形成的环境噪声。静音功能虽然好用，却有可能对发言节奏造成影响，因此会议组织者需要多加关注，适时控场。

让线上会议尽量接近线下会议的 4 个方法

难以及时捕捉参会人员的反应是线上会议最大的一个弊端，也是会议组织者面临的最大难题。解决了这个问题，线上会议就能够同线下会议一样高效。

即便画面和声音再清晰，也很难使会议组织者及时捕捉每位参会人员的反应。在屏幕上，参会人员越多，每个人在屏幕上占据的画面比例就越小，会议组织者就越难以进行观察和了解每个参会人员的参与程度，是否专心致志，或者对讨论内容有什么反应。

会议引导工作的重要一环就是观察每位参会人员的反应，因为这些非言语信号往往能提供重要的洞察，帮助会议组织者辨认大家对当下讨论的内容是认同还是反对。如果参会人员关闭了摄像头，会议组织者就无法观察他们的反应，更无从得知他们是否认同和理解别人的观点。

我能够理解一些参会人员的想法，因为把摄像头关掉确实能避免别人的注视，使自己轻松许多。不过，会议讨论需要全体参会人员形成合力，每个人都要努力给出最明确的反应，营造安全感十足的氛围，共同保证线上会议的顺利完成。因此，我个人会打开摄像头。

在线上会议中，由于缺乏面对面的直观交流和非言语信号，传达真实反映可能会遇到一些挑战。那么，我们应该如何突破限制，传达出自己最真实的反应呢？具体方法如下：

方法 1：给出 1.5 倍的回应

在线上会议中，参会人员的动作、手势和表情的丰富程度应该是平时的 1.5 倍，能用语言表达的内容就一定要说出来。

其他人可能看不到你点了头，但一定能听见你大声说“真棒”。因此，参会人员尽量用语言代替表情与态度，多开口说话。

梅拉宾法则提到，在面对面的沟通中，人们对彼此的看法一般取决于以下 3 个方面：

- 语言占 7%。
- 音调（听觉）占 38%。
- 肢体语言（视觉）占 55%。

这 3 个方面共同对人类的沟通效率产生作用。相关实验发现，当这 3 个方面产生冲突的时候，大多数人更相信视觉印象。

举例来说，如果一个人嘴上说着“对不起”，脸上却写满了不耐烦，那么对方肯定会认为不耐烦才是这个人的真实情绪。这也就是说，比起听到的语言，人们更关注肢体语言（如表情）。

通过梅拉宾法则可以看出，非语言交流的重要性大约是 93%（38% + 55%），比语言交流（7%）更具说服力。人们在生活中获得的大多数信息都是非语言信息（如声音、肢体语言），这些信息也是我们进行思考、做出判断的依据。

在线下会议中，即使一位参会人员说了赞成，会议组织者也能通过对方黯淡的表情判断出他其实是反对的。而在线上会议中，会议组织者观察参会人员的难度有所提升，因此会议组织者需要格外关注参会人员的动作、手势等非语言信息（见图 8-6）。

图 8-6　线上会议中明显的动作示意

在线上会议中，最基本的肢体语言是用力点头。此外，参会人员还可以用比圆形、鼓掌等方式，最大限度地做出反应。

方法 2：说话时充满感情

在线上会议中，声音同样重要，因为音调可以反映出说话人的情感变化。

会议组织者要比平时更有感情地发出声音，以营造出安全感十足的氛围。

梅拉宾法则指出，肢体语言非常重要。既然线上会议中参会人员的肢体语言不太容易被捕捉，那么会议组织者就要想办法用声音代替动作进行表达，通过音调的变化控制会议节奏。

方法 3：充分利用线上会议工具的交流功能

有的线上会议工具自带为别人点赞和向别人鼓掌等功能，还带有聊天功能，大家可以充分利用。

方法 4：制定规则

以上提到的几个方法都十分实用，会议组织者将这些方法以规则的形式呈现给参会人员，就可以推动大家一起实施。这就需要会议组织者在会议正式开始前介绍一下规则。除了会议组织者，每一位参会人员也应该积极使用这些方法，以提升自己的沟通能力。

线上会议也可以使用白板整理意见

讨论是线上会议的核心内容，但是将发言内容写到白板上进行展示，或者用 KJ 法整理便笺等工作实践起来有一些难度。有的线上会议工具会自带白板功能，但并不实用。

在我看来，利用 Excel 和 PowerPoint 记录关键信息，并共享屏幕是一个不错的方法。用这两个软件将参会人员的发言记下来，能达到与白板记录意见相同的视觉效果，所记录的内容还能在电脑上直接被转换为会议纪要。

此外，会议组织者也可以利用百元店就能买到的小白板整理意见（见图 8–7），小白板的大小合适，质量过关即可。会议组织者可以将参会人员的发言记录到小白板上，并随时放到摄像头前展示给参会人员。

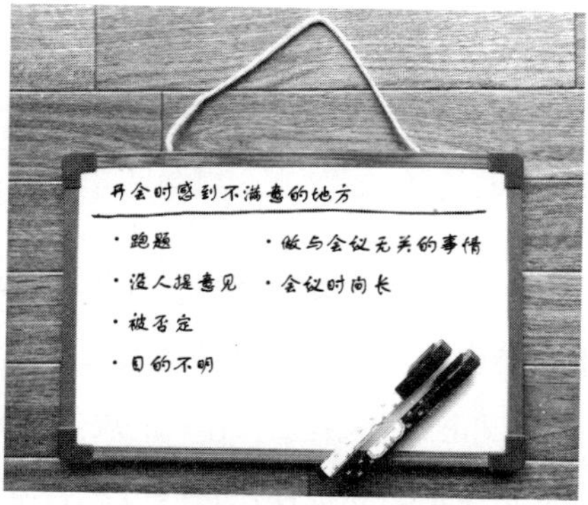

图 8–7　用小白板整理意见

目前，市面上也有很多能帮助我们整理意见的应用程序，会议组织者可以主动进行了解，并加以利用。

最后需要补充一点的是，在使用 KJ 法收集意见时，会议组织者可以同步编辑谷歌的共享文档，供所有参会人员参考。但这个方法不太好掌握，因此推荐已经能熟练应用 KJ 法的老手尝试。

用 Zoom 分组功能轻松实现多人讨论

在参会人员较多的会议中，每个人不一定都有机会发言。另外，如果会议组织者想在线上举办工作坊，采取多小组讨论、共享成果等开会方式的话，其实是很难实现的。但 Zoom 的分组功能为我们解决了这个问题。

该分组功能支持自定义小组人数。假设一场会议有 10 个参会人员，会议组织者就可以用 Zoom 将他们分成 2 个小组，每组 5 人。

该分组功能也可以自由设定时间。例如，会议组织者可以用 Zoom 将时长 1 小时的会议分成 3 个部分，第一个 20 分钟用于全员讨论，第二个 20 分钟用于参会人员分小组讨论，第三个 20 分钟用于再次进行全员讨论。

对于培训讲师来说，这个分组功能不可或缺，因为它可以适用于公司内部的工作坊等会议形式。此外，在大规模的发布会中，同样可以应用这个分组功能，如说明环节结束后，参会人员可以 3 ～ 4 个人结成一组分享心得，这么做不仅有利于提升会议的互动性，还能够让参会人员更加积极地发言，从而达到更好的沟通效果。

在安全性问题上，Zoom 日本区的负责人表示他们会不断进行改良。除了 Zoom，会议组织者还可以通过设置 Microsoft Teams，达到分组举行会议的目的。

关于线上会议的 6 个提示

本节就召开线上会议时会议组织者需要注意的其他问题提出一些解决思路。

提示 1：保证安静的会议环境是基本礼仪

保证安静的会议环境十分重要，因此我们在召开线下会议时要用到会议室，而线上会议也需要参会人员营造安静的会议环境。有的人的家中偶尔会有小朋友跑来捣乱，有的人身处嘈杂的咖啡厅，还有的人在开车时参加会议，从而难以集中精力。大家都有自己的不便之处，但是保证安静的会议环境是基本礼仪。

在家参加会议时，参会人员可以先同家人打好招呼，单独待在屋子里。在咖啡厅或者开车时，参会人员要事先和会议发起人打好招呼，让对方有所准备。

另外，会议发起人应在通知大家参会的同时提前提出要求，请每个人尽量保证安静的会议环境，必要时也可以调整会议时间。

提示 2：保障网络环境稳定

如果某个参会人员在线上会议推进过程中不断离线，那么他会吸引所有人的注意，从而影响会议氛围。在远程办公的情况下，参会人员很难保证网络的稳定性，而每个人的网络环境都会对会议的整体效果产生一定的影响。

要想顺利推进线上会议，参会人员需要保证网络环境的稳定。我曾尝试过多种线上会议工具，其中一些工具对网络的要求极高，只有网络环境特别稳定的情况下才能使用。公寓等带有公共 Wi-Fi 的地点在网络使用人数多的时候网速往往不够稳定，因此我推荐大家安装一个专享 Wi-Fi，虽然是自费购买，但物有所值。

提示 3：用点名发言和发言信号来掌控会议节奏

有时，会议节奏一乱，会议效果就会受到影响，但参会人员在线上会议进行发言时，总是很难掌握正确的时机。

这时，会议组织者应该主动指挥，可以同线下会议一样按顺序点名，要求参会人员依次发言。

不过，当屏幕中并未显示所有参会人员时，会议组织者可能会记不住所有发过言的人。在线上会议中，参会人员的位置会在画面中不断变化，且会议组织者和各参会人员看到的画面是不一样的，所以会议组织者没有办法让大家按顺时针方向依次发言。

对此，会议组织者可以提前准备好一本人名册，用点名的方式推进发言，从而避免重复发言和遗漏发言的情况出现。另外，会议组织者还要制定规则，要求参会人员在想发言的时候举手或按键示意。可以看出，会议组织者需要付出比引导线下会议时更多的精力来保证线上会议的顺利进行。

提示 4：帮助参会人员调试不适应的心态

如今，很多人依然对线上会议抱有强烈的抵触心理，他们的理由包括“不知道怎么操作”“记住要领太麻烦了”等。有时在会议开始后，还会有人登录不进来，或者听不到声音、看不到画面，从而耽误了很长时间。

为了避免类似的情况出现，会议组织者要尽可能在会前做好准备工作。我在担任线上会议的会议组织者时，一般会提前 15 分钟登入会议室，为参会人员简单介绍一下操作方法，帮助大家了解音频和视频的开关方法、聊天功能和屏幕共享的启动方法等。同时，我还会顺便确认一下网络环境，观察画面能否正常显示，声音是否清晰等。针对参会人员无法成功登录等常见问题，可以充分利用会前的这一段时间解决。

另外，我也建议参会人员在会议开始时自行确认一下网络环境，熟悉一下基本操作，在开场时简单说两句，当作破冰。我个人认为，这些步骤是不能忽略的。

提示 5：每 15 分钟休息一下，保持轻松状态

刚开始接触线上会议的时候，因为需要一直看向屏幕，保持一个姿势，人们往往会更容易在短时间内感到疲劳。因此，时长为 1 小时的线下会议往往不需要设定休息时间，但在参加线上会

议的时候，参会人员应该有意识地适时伸一个懒腰，以保持轻松的状态。会议组织者也可以每 15 分钟提醒大家放松。

提示 6：交换电子名片

如今，有多家名片运营商都发布了线上交换名片的服务。第一次在线上会面时如果能交换名片，双方就会认为彼此已经产生了正式的接触。大家可以尝试使用这个服务。

● 会议精进秘籍

会议组织者在会议中的形象

以前，我曾邀请过其他参会人员观察我本人在会议中所呈现的形象，并做出评价，由此得出的我本人的形象组合如表 8-1、表 8-2 所示。这些评价让我认识到了别人眼中的自己，也推动着我不断进步。

表 8-1　别人对我声音、表情和动作的评价

声音、表情				动作		
表情	声音	是否有激情	是否幽默	动作幅度	是否有眼神交流	姿势
笑脸	声音有强弱音调有变化	有激情	幽默	动作多	和每个人对视	站姿
笑脸	声音大	有精神	谈吐有趣	动作明显	平等注视每个人	站着说话
笑脸	声音洪亮能听清楚		不招人厌烦	擅用手势	和人有对视	站姿
笑脸	吐字清晰			手部动作幅度大	观察人的眼神	
笑脸	声调抑扬顿挫			有手势	眼神接触	
笑脸	声音洪亮			动作大		

表 8-2　别人对我说话内容、节奏和沟通技巧的评价

说话内容、节奏			沟通技巧			
表达是否简洁	使用比喻和实例	节奏	接纳	肯定回应	不去否定	氛围营造
用简洁的表达解释	提出有趣的体验	节奏好（气势也不错）	会夸奖别人	用“真棒”回应	不去否定	创设好的氛围
不用晦涩的语言	举出具体例子说明	节奏好	鼓掌	不错呀	不去否定	气氛轻松
用简单的表达解释	打比方	节奏好	鼓掌以示认同	接纳一切	不去否定	着装没有限制
	举例子	给出信号结束话题	不打断别人	用“真棒”回应	不消极评价	氛围好
	比喻	说话节奏好	意见一致	夸奖别人“很棒”	不去否定	可以随意交谈
	举出清晰的例子		鼓掌	附和他人发言		鼓励尝试
	乐于分享自身经历		鼓掌	用“真棒”回应		
	讲笑话			会夸奖别人		

从中可以看出，会议组织者在会议中做出的动作大多和氛围营造有关。事实上，我在开会时也确实注重这几个方面。

不善于表达情感的人对做手势和大声说话多少

会感到抵触，但做出这些行为本身并不难，因此我们需要尽力突破内心的障碍。

之前我也提到过，其实我个人的沟通能力实属一般，可努力后依然做出了成绩，因此大家也一定能够实现沟通上的突破。

希望大家在引导会议时能够尝试做出这些行为，从而打造高质量会议。

解决所有棘手的会议问题

迄今为止，我提出过各类会议的改革方向，也作为会议组织者进行过多次尝试与改进。在这个过程中，我积累了很多经验，也将它们全部总结到了本书当中。

曾经，我阅读过很多与会议引导有关的书籍，却发现书中的内容很难被应用到实践当中，导致我屡次犯错。也是从那时起，我希望自己能够写出一本实用性更强的书籍，为大家解决实际问题。

管理层和项目主管必须掌握会议引导技巧，因为他们需要通过引导收集到团队成员的意见，提升团队的工作效率。

不过，这并不意味着其他员工就不需要去了解引导技巧了。

只要是负责解决问题和制订策划、工作方案的人，不论年龄大小、职位高低，都有必要学习一下引导技巧。

对于新员工和职场新人来说，掌握引导技巧能为他们带来更多的机会，也带动他们往后向上发展。因此，年轻人不要觉得引导技巧是管理层和领导的专属任务，自己也应该提前了解一下。

在此我想与大家分享一个小故事。在我 40 多岁的时候，因为自己的身体和心理状态都很不错，所以便担任了公司组织改革项目的负责人。

那一年，我召开了 1000 多场会议，基本上每天要召开 4 ～ 5 场，我感觉自己每天去公司就是为了开会。当时的我并不知道组织改革的正确方式，因此需要不断征求大家的意见，协调各方开展工作。

在那一年，我崩溃了无数次，但多亏了与我共同奋斗的团队成员，改革工作最终得到了落实。当然，领导和前辈的鼓励、妻子的默默陪伴也支撑着我，使我克服了自己不擅长沟通的缺点。现在想起，唯有感谢。

而在这个过程中，还有一个东西为我提供了莫大的帮助，它就是本书的核心内容：引导技巧。

如果没有引导技巧，也许我所负责的项目根本进行不下去。当时，我所带领的团队首先勾勒出现状与理想状态，其次找出原因、确定主要原因，最后才敲定了解决方案。

这一过程就是本书提出的解决问题流程，使团队最终取得了出色的成果。

学会引导技巧，会议组织者就能与其他参会人员团结一心，共同推进会议平稳运行。而经过几次会议之后，所有人的步调就会越来越趋于一致，每个人都在为圆满完成工作而努力奋斗。希望本书也能够帮助读者达成这一目标。

引导技巧，就是最有用的商业技能。

如何成为一名优秀的会议组织者

你还在为如何成为一名优秀的会议组织者而感到烦恼吗？让我来为你提供指导。凭借多次举办以会议引导技巧为主题的培训班的经验，我精心整理了以下 23 个有关会议引导的常见问题，并为你一一提供解答。

Q01 会议组织者能在会议中表达自己的看法吗，还是要保证绝对的中立？

A 会议组织者是可以针对问题提出自己的看法的，但需要注意的是，会议组织者不能在会议表决时有倾向性地进行拉票。总之，会议组织者不能过于强调自己的意见，在会议表决时要保持中立。

Q02 新员工和老员工都可以担任会议组织者吗？

A 一般来说，会议发起人就是会议组织者，无论他的职务是什么，也无论他的年龄大小。如果新员工需要就工作内容询问其他同事的意见，那么他可以策划一场会议，以会议组织者的身份来引导会议。

Q03 开会时，作为下属的参会人员能做些什么？

A 会议不是组织者一个人的会议，每一位参会人员的意愿和态度都会对会议结论产生影响。每个人都要抱着支持会议组织者的态度来参会，对自己的想法和盘托出。具体可以这样做：

- 积极发言，活跃气氛。
- 帮助布置会场。
- 积极回应他人的发言。

Q04 最适当的参会人数是多少？

A 一般是 4 ～ 6 个人。3 个人以下的会议，难以收集到足够多的意见，也很难全面地分析问题。而 7 个人以上的会议中，参会人员过多，有的人可能没有机会发言。如果参会人员人数超过 8 个，那么可以分成两组进行讨论。

Q05 会议组织者需要预设会议结论吗？

A 应该预设。我对于自己在会议中提出的每一个问题，都会提前思考自己能不能做出回答，这是制定议程时不可或缺的一项工作。一个能让人打开思路的问题才是好问题，而一个连自己都不知道怎样回答的问题，估计参会人员也难以给出有效的回应。

Q 06　会议组织者在制定议程之前，需要收集什么信息？

A　我个人不会提前收集信息。如果一定要提前进行准备的话，我可能会了解一下每位参会人员当时的状态，如他的心情、工作情况、对工作的认同程度等。

Q 07　应该先制定会议议程，还是先确定会议时长？

A　先制定会议议程，即考虑明确的会议目标，设计问题及讨论流程。如果会议时长没有限制的话，会议组织者可以尽量丰富内容，让每次会议都有实质性的进展，达成会上讨论、会下整理的最佳衔接状态。

Q 08　当参会人员之间并未建立起信任关系、在讨论中有所保留时，会议组织者应该注意什么？

A　仅靠一场会议是很难使参会人员之间建立起信任关系的，对此，会议组织者应贯彻落实以下几点：

- 不去否定参会人员的观点。
- 保持宽容的态度接纳他人的发言。
- 保持微笑（但不要过度）。

此外，会议组织者可以营造安全感十足的会议氛围，一边确认工作目标，一边鼓励每个人分享经验，发挥特长，使大家共同进步。在会议之外，会议组织者还要在日常工作中同每个参会人员保持联系，多听一听他们的想法，这会使会议组织者获得意想不到的会议改进方法。

Q09 会议开始前，需要强调会议纪律吗?

A 会议组织者不要在一开始就试图掌控大家的想法，哪怕出发点是好的，这么做也可能会产生负面影响。会议组织者更应该下功夫策划会议，以推动参会人员提升发言积极性。

Q10 会议内容涉及很多会议组织者不了解的专业知识，难以在思考上同步跟进，有什么解决办法吗?

A 会议组织者的职责是营造氛围，推动会议按步骤进行，即便相关专业知识不足，也不会有太大影响。我担任过很多行业的经营会议、员工团建的引导工作，虽然我并不了解会议上所谈到的专业内容，却也保证了沟通的顺利进行。比起专业知识，掌握本书提到的解决问题的思路框架和以 KJ 法为代表的整理技巧更为重要。会议引导其实是一种模式化的工作，掌握起来并不困难。

Q11 参会人员不愿意用 KJ 法表达意见怎么办?

A 会议组织者可以先向每位参会人员问同样的问题，请他们提出自己的意见或建议，再把收到的反馈整理到白板上，最后对要点进行分类整理，这么做能达到和运用 KJ 法收集意见差不多的效果。

Q12 KJ 法看起来似乎是万能的，它没有缺点吗？

A 从个人的经验上来说，大约有 80% 的参会人员支持使用 KJ 法，20% 的参会人员不愿意使用 KJ 法，而后者一般是那种会在会议上滔滔不绝的人。明明以前可以随意表达，现在却被要求将自己的想法精简成一句话，这对他们来说是一种压力。为了避免这些人表现出不满，会议组织者可以稍微留出时间让他们自由地说上几句。

Q13 因为意外情况等导致会议组织者不能及时整理好信息时，应该怎么办？应该进行什么样的训练，积攒什么样的经验？

A 仅靠大脑整理信息对谁来说都并非易事，因此还是要落到笔头上。也许一开始你会担心自己写得不够准确，可不去尝试就永远不会有所成长。我们应该对意见逐个进行细致的整理，而运用 KJ 法能够帮助我们提升整理效率，因此我们需要多加练习。如果掌握不好 KJ 法，你也可以在会议上多收集意见，会后再整理。

Q14 如果参会人员的创新能力不足，应该怎样收集意见？

A 参会人员的回答质量，很大程度上是由问题决定的。也就是说，问题的关键不在于参会人员，而在于会议组织者的提问能力。如果问题的回答难度较高，参会人员难以准确作答，会议组织者可以逐步通过一个个小问题引导他们深入思考。此外，会议组织者要发自内心地信赖参会人员，为他们营造安全的会议氛围。氛围好、问题好，参会人员才能提出好的意见，这是经验之谈。

Q15 参会人员一直在说与会议主题无关的事，应该怎样有效干预?

A 出现这样的情况时，会议组织者没有必要立刻干预，而是可以找准时机，对大家说："好，咱们回归正题吧！"如果会议组织者对会议目标的认知非常清晰，那么他一定能够在组织大家的同时，不招致大家的不满。

Q16 应该怎样对待扰乱会议秩序、乱发脾气、感情用事的人?

A 首先，会议组织者不能被这样的人带偏，同样开始感情用事，而是要保持冷静，遵守以下两个基本方针：

- 冷静地对参会人员说"可能某某对这个方案有想法"，以此表示会议组织者接纳了这个人的想法。
- 不在会议上处理问题，会后再解决。

会议结束后，会议组织者可以和会上发脾气的人见个面，倾听对方的想法，这么做会让对方冷静下来。不过，类似的情况是可以事先避免的，会议组织者可以在会前打磨会议议程，避免此类情况的发生。例如，在跨部门会议中，销售部门与生产部门因为有利益冲突，部门员工之间就容易引发争论。

对此，会议组织者可以事先同可能会在会议中表现出激动情绪的员工打声招呼，让他们尽量控制住情绪。参会人员的负面情绪很多时候并不是在开会时突然产生的，而是在会前就积压了很久，多听一听他们的想法和抱怨，能够有效消解他们的负面情绪，从而保证会议的顺利进行。

Q 17　有的人喜欢插话，还有的人话说得太长，应该怎么办？

A　会议组织者应在开会之前就打好预防针，对全体参会人员说："大家轮流发言，发言内容要简洁。"这样能够在一定程度上避免类似的情况发生。会中，当会议组织者希望大家发言的时候，可以说："那就从某某开始，按顺时针的顺序发言，每人一句。"如果有人中途插话，会议组织者可以耐心地进行提醒说："等会儿就到您发言了，稍微等一下。"如果有人话说得太长，会议组织者可以打断他说："不好意思，能说得简单些吗？"会议组织者要拿出气势，控制大家的发言。只要贯彻了这一做法，那么想要发言的人就会先举手示意，并在取得会议组织者的允许后发言。

Q 18　会议结尾做决定时出现冲突，应该怎么办？

A　会议组织者可以利用决策矩阵等方式，尽量让所有人都同意最终的决定。例如，会议组织者可以说："某某最看重的是这个问题，这也是一个重要的判断标准。那我们就把所有判断标准都找出来，再用决策矩阵进行整理。"不否认任何一个人的意见，会议也能按部就班地得出结论。另外，为了减少这类冲突，会议组织者可以在会前制定好规则。要点如下：

- 在规定时间内询问全体参会人员的看法，尽全力达成一致意见。
- 如果不能达成一致意见，由领导做出决定。
- 所有参会人员都要尊重这个决定。

Q19 怎样辨别出不认可会议结论的参会人员？

A 会议组织者可以多进行观察，因为对会议结论不认可的人一定会在态度和神情上有所表现。

此外，会议组织者可以在会议结尾让大家谈一谈感受，这时，对会议结论认可度低的人往往不太愿意发言，态度上也会表现得比较消极。对于这样的人，会议组织者要在会后及时与他沟通，尽快解决问题。

Q20 我们公司没有由会议组织者引导会议的传统，应该怎样引入这一形式？

A 对会议引导技巧有所了解的人应该从自身做起，通过实践向周围的人说明引入会议组织者引导会议的优点与可行性。曾经的我就是在参加了会议引导技巧的讲座后，立刻将学到的内容应用在自己主办的会议上，最终得到了领导与同事的认可。当他们表示出兴趣后，我还针对性地开办了一场讲座来讲解会议引导技巧。

Q 21　线上会议中没有人闲聊，总感觉会议气氛不热烈，有什么解决办法？

A　会议组织者可以设置破冰环节，积极带动每个参会人员用 1 分钟谈一谈近况。虽然时间不长，但这一环节可以帮助参会人员放松下来，加强彼此间的联络。此外，会议组织者也可以提前 5 分钟进入会议室，这时你会发现已经有很多同事上线了，大家可以在这段时间内随便交流几句。

Q 22　对于线上会议中第一次见面的人（如其他公司的员工），应该注意些什么？

A　会议组织者可以提前 5 分钟进入会议室，做好充分的准备，给对方一个大大的笑脸。

Q 23　有的员工不太会操作线上系统，会议组织者要花很长时间向他们讲解操作方法，有什么更好的解决方法？

A　如果会议组织者预判会议中会出现这样的参会人员，可以通知他们提前 15 分钟进入会议室，单独向他们讲解一下基本的操作方法。这样做也可以使后续会议进行得更加顺利。

附录二

如何召开一场高质量专题会

假设今天 13:00—14:00 公司要召开一场专题会，接下来，我将按时间顺序详细介绍会议的实际流程，以及会议组织者的具体工作内容，让大家有一个直观印象。

时间　　会议流程　　备忘

12:55 ▶ **进入会议室**

会议当天，会议组织者一定要守时。

会议组织者要展现良好的精神面貌，提醒自己时刻保持微笑，控制好会议时间与节奏。会议很快就要开始了。

13:00 ▶ **会议开始**

开场

介绍会议流程

园部

大家辛苦了，现在开会。今天的议题是会议改革。

会议流程请参考我发给大家的会议议程文件。本次会议的目标是找到公司会议中存在的问题并确定会议主要问题，让我们共同努力，积极讨论，完成这两件工作。

时间	会议流程	备忘

项目	详细信息
会议名称	会议改革（第 × 次会议）
时间 地点 参会人员 会议组织者	20×× 年 × 月 × 日 13:00—14:00 ×× 会议室 改善工作讨论会成员（共计 5 人） 园部（讨论会组长兼会议组织者）
会议目的	· 找出公司会议中存在的问题 · 确定会议主要问题

会议内容		时间表 / 时间段		时长
1. 开场				
· 介绍会议议程 · 破冰（参会人员分享最近感到开心的事，每人 30 秒）	介绍 分享	13:00 13:03	13:03 13:05	3 分钟 2 分钟
2. 内容讨论				
（1）找出会议问题 · 会议中令人感到不满的方面	KJ 法	13:05	13:25	20 分钟
（2）确定主要问题 · 投票—交流意见—领导决定	达成共识	13:25	13:50	25 分钟
3. 总结				
· 回顾并分享心得 结束		13:50	13:55	5 分钟

要点

最多 5 分钟

开场最多只能耗时 5 分钟，一般为 3 分钟，甚至更短。

明确会议目标，让参会人员知道自己在会议中做什么

在一开始说明今天的会议中参会人员要做什么，确定什么结论，消除会议组织者与其他人的信息差。

时间	会议流程	备忘

13:03 破冰

园部

接下来是破冰。

今天的题目是：最近让我感到开心的事情，每人用30秒时间分享自己的经历。还是老规矩，听众要给出1.5倍的笑脸和回应。就从A开始吧，请发言。

A

最近我重新练习起了瑜伽，感觉身心都有所改善。抵抗力也增强了，能保持一个比较放松的状态，就连工作都比以前做得更好了。

用时 30 秒左右。

园部

大家鼓掌！

会议组织者带动大家一起鼓掌。

园部

谢谢A！瑜伽确实能治愈身心。好的！那么接下来，B也说几句吧。

园部

感谢大家！

不断重复这一过程。

要点

规定每个人的发言时间

轮流发言时，会议组织者要规定每人 1 分钟的发言时间，或者可以这样引导：“请大家每人讲一句。”

一句“好的”为破冰画上句点

一个人说完后，会议组织者要大声回答“好的！”让这个人停止继续发言，从而让另一个人发言。

多鼓掌

鼓掌可以推动会议平稳运行，每个参会人员发言后，其他人都应该报以掌声。它可以起到两个方面的作用：一是代表发言结束；二是能够让参会人员感受到自己的意见得到了认可。当参会人员获得了足够的认同感，就更容易吐露心声。此外，在 6 个人发言的情况下就会有 6 次掌声出现，使会议气氛更加和谐。

13:05 ▶ 内容讨论

找出会议问题

接下来会议进入正题，即找出会议中存在的问题。

园部

现在进入正题。本次会议的第一个任务是用 KJ 法整理出会议中存在的问题。

时间　　会议流程　　备忘

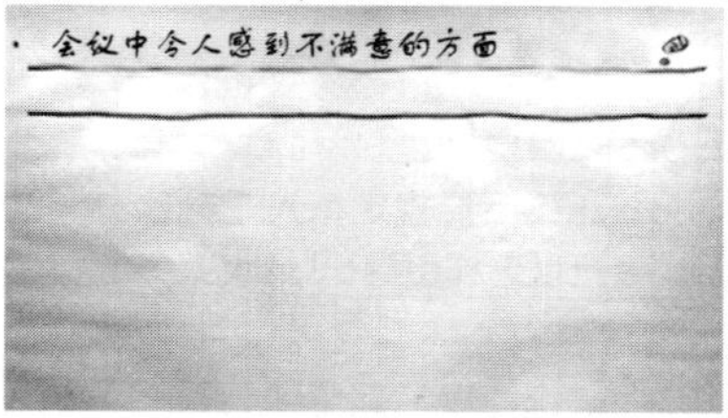

在白板上写下题目“会议中令人感到不满意的方面”，并用双下划线标记。

园部

本次会议讨论的主题是“找出公司会议中存在的问题”。各位觉得会议中存在哪些问题？

要点

提前准备好问题很有帮助

会议召开前，会议组织者已经在制定会议议程时设计好了问题，即“各位觉得会议中存在哪些问题？”，同时预设了参会人员可能会做出的回答。这样做能让会议组织者在问问题时更加游刃有余。

园部

下面，请每个人把自己的想法写在便笺上。

大家肯定会有很多感到不满的事情吧？不必有所顾虑，把一直以来的想法原原本本地写上去就行。

时间	会议流程	备忘
	便笺书写要遵守以下3个规则： • 规则1：一张便笺写一件事。 • 规则2：用记号笔的粗头书写。 • 规则3：横向撕便笺。	
	这里提供一个小技巧：横向撕下来的便笺要比竖向撕下来的便笺更容易贴在纸张或白板上。	

	好的，请大家用3分钟的时间把自己认为的会议中出现的问题全部写下来。	用秒表计时。

时间	会议流程	备忘

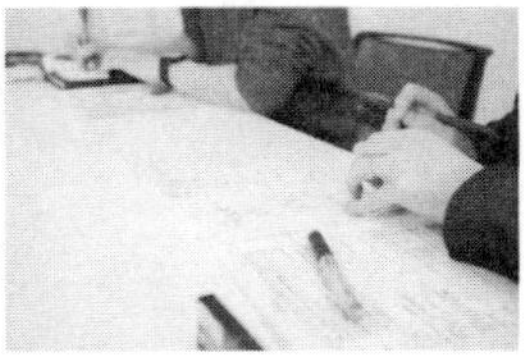

园部：在实际工作中，我们总会有不满意的地方，大家想到什么写什么就行。一张便笺写一件事，只要时间允许，写 10 张、15 张都没有问题。

在大家写下意见的过程中进行发言。

园部：还有 20 秒的时间，大家把正在写的这一张写完就可以了。好了！时间到，大家停笔。

时间 | 会议流程 | 备忘

要点

给参会人员 3 分钟的时间写便笺

一张便笺上只能写一个意见，只要时间允许，写多少张都可以。

在参会人员写便笺的过程中，会议组织者可以发言

在参会人员写便笺的过程中，如果会议组织者一言不发，就会给人一种压迫感。因此，会议组织者不妨说上一两句，当然同时也要注意把控时间。意见收集得越多越好，尽量让每一位参会人员都提出多个意见，比起质量，更需要数量，重点在于捕捉参会人员的所有想法。

13:10 ▶ 整理意见

园部

好的！现在我们来整理意见。请 A 先上交一张便笺。

A

我写的会议问题是“没有人提意见”。

时间	会议流程	备忘
	 园部：“没有人提意见”，会议中确实会出现这样的情况，还有人提出了类似的意见吗？啊，原来C和D也这么认为。	
	E说的是“声音洪亮的人往往能在发言时占有主动权，因此没有机会表达自己的意见”。这也会导致没有人提意见。收集到的意见真不少！	边说边往白板上贴便笺。
	差不多可以了吧？第一列便笺已经贴完了。接下来收集其他意见。请B交上来一张。	
	那就这张吧，我写的是“会议目的不明确”。 B	

时间	会议流程	备忘

园部

是啊，好不容易把大家召集起来，却没有提出明确的会议目的，确实让人难以接受。如果有谁写了类似的意见，也把便笺交给我。

拿到便笺后，边声读出来边贴好。

我写的是“不知道为什么把我们召集起来”。

C

园部

这也可以被分到“会议目的不明”的类别里。这一张上面写的“直至会议最后也不知道会议目的是什么”，同样可以被归入这一类。

时间	会议流程	备忘
	还有类似的意见吗？好的，那第二列便笺也贴完了。接下来请C再交上来一张便笺。	
	C：我写的是“有人做与会议无关的事情”。	
	园部：确实有这样的人，还有人写了类似的意见吗？	
	E：我写了“不关心会议内容”，这个算吗？	
	园部：如果你觉得可以被归为一类的话，就交给我。	
	E：这两种行为是不是有点儿区别呀？	

时间	会议流程	备忘

园部：其实，这些行为都表示有的人不积极参加会议，不关心会议内容。其他人有类似的意见吗？还挺多的，全都交给我。

E：我还写了“感觉大家都想尽早离场”。

园部：这一条也划入“不关心会议内容”一类。请D再交上来一张便笺。

D：嗯……我写的是“会前准备不足”。

园部：明白了，会前准备不足。这是对会议发起人提出的意见，还有人写了类似的

重复这一过程，直到没有人提交新的反馈。

时间	会议流程	备忘

意见吗？看起来没有，那我们就把这个意见放入“其他”一栏。

现在，所有便笺都贴好了。让我们先给每一类都取一个标题。

整理完成！最终的结果大概如下所示。

问题：会议中有哪些令人感到不满意的方面？

没有人提意见	会议目的不明确	有的人不关注会议	有的人说话时间太长	会议没有得出结论	讨论脱离主题	会议不能按时开始和结束	提出的意见被否定	会议气氛差	其他
没有人提意见	会议没有目的	有的人做与会议无关的事情	只有固定的几个人在说话	会议没有讨论出结论	讨论脱离主题	有的人迟到	有的人会否定别人	气氛不够热烈	会前准备不足
有的人不提意见	不知为什么把我们召集起来	有的人不关心会议内容	只关注会提出意见的人	迟迟讨论不出结论	讨论跑题	会议不能按时开始	有的人总是否定别人	大家的积极性不高	会议记录不好做
没有机会表达自己的意见	会议最后也不知道会议目的是什么	有的人感到无聊	只有固定的几个人在说话	大家无法达成一致		超时	意见被否定	氛围差	谁声音大谁就有理
只有几个人提意见		大家都想尽早离场	发言机会不均等			没有按计划结束	否定发言	氛围阴郁	
			有人不提意见			花费时间长	提出抱怨	气氛沉重	
			有人发言时间特别长			持续时间长			

园部

我将收集到的意见分成以下10类：

- 没有人提意见。
- 会议目的不明确。
- 有的人不关注会议。
- 有的人说话时间太长。
- 会议没有得出结论。
- 讨论脱离主题。
- 会议不能按时开始和结束。
- 提出的意见被否定。
- 会议气氛差。
- 其他。

这么一看，我们公司与会议相关的问题真不少。

要点

! 整理到白板上

会议组织者在收到参会人员交上来的便笺后，一定要边读出声边将其贴上去。一般来说，我们需要在这一过程中找出相似的几个意见，将它们分入一类。本例中，意见一共被分为了 10 类，当参会人数为 5 ～ 6 个人时，意见被分为 7 ～ 10 类较为合适。例如，当“没有人提意见”这个类别被确定后，会议组织者可以将相似的意见（便笺）贴到下面。分类不求精准，合理即可。

即便有的便笺已经被贴到了没有人提意见这

时间　　会议流程　　备忘

一类里，如果会议组织者认为它更适合其他类别的话，只要挪动一下就可以了。因此，会议组织者没必要过于担心分类的准确性。
一开始，会议组织者要从某位参会人员的手里拿到一张便笺，把它定义为一类。本例中，会议组织者在得到 A“没有人提意见”的便笺后，开始询问其他参会人员是否有类似的意见，由此又收集到了几份意见，这样一来，“没有人提意见”自然形成了一个类别。
对意见进行大概的分类就行，无论将某个意见分到哪一类，都不会对工作造成什么太大的影响。

13:20 交流意见

园部

我们已经运用 KJ 法将意见整理完成。大家在看到这张表格后，有什么想法吗？请轮流发言，从 A 开始。

A

我对每一个意见都感同身受。在知道大家原来也和我有同样的困扰后，心理上的负担减轻了。

时间	会议流程	备忘
	园部：好的！大家鼓掌。确实，有时大家会产生一致的意见，这说明大家的想法有着相似之处。好的，那B也说两句吧。	会议组织者带动大家都鼓掌。 全体参会人员鼓掌。
	B：经过整理后，关键问题一下子就变得一目了然。通过可视化，我也厘清了个人的思考。	
	园部：好的！大家鼓掌。下面请C发言。	会议组织者带动大家都鼓掌。 全体参会人员鼓掌。
	C：我只写了4张便笺，数量不多，不过看到了大家提出的意见后，我也深有同感。	

时间	会议流程	备忘

园部

确实，一个人的思考是有局限性的，但是大家通力合作的话，就能避免思考上的偏颇。好的！大家鼓掌。

KJ 法真的很有用，3 分钟内我们就收集到了这么多意见，并整理完成。

让每一个人都表达出自己的感想。

其实，会议组织者只要实操一遍，就能基本掌握运用 KJ 法收集并整理意见的大概流程。接下来，参会人员要从找出的问题中确定主要问题。

要点

作为回顾，在这一环节的最后请每个人简单谈一谈感想

将意见全部整理好之后，会议组织者可以问一问大家的感想，可以这样询问："大家在提出问题和整理问题之后，有什么感想吗？"或者更直接地说："请每人简短地说一句吧！"也许有人会提到自己很开心能够看到其他人的想法也和自己一样，这时会议组织者可以及时回应："确实，在很多会议上都没有人提意见。"然后带动大家一起鼓掌，以表示认同。这样能够有效提升参会人员的参与感和认同感。

时间	会议流程	备忘

13:25 确定主要问题

园部

现在我们已经找到了会议中存在的问题，那么接下来我们就一鼓作气，直接确定主要问题吧。虽然我们提出了不少问题，但当下只能选出一个最主要的问题进行解决。如果在规定时间内大家不能达成一致意见的话，我将在充分考虑各位意见的基础上，直接做出决定。大家是否认同？

看向参会人员，判断他们是否点头认同。

好的，那就这么办。如果由我来做最终决定的话，我一定会充分尊重大家的想法，进行综合考量，所以大家不必担心。

让我们先每个人 2 票，投票表决，初步缩小范围。目前大家提出的会议问题大致可以分为以下 10 类。

时间	会议流程	备忘
	• 没有人提意见。 • 会议目的不明确。 • 有的人不关注会议。 • 有的人说话时间太长。 • 会议没有得出结论。 • 讨论脱离主题。 • 会议不能按时开始和结束。 • 提出的意见被否定。 • 会议气氛差。 • 其他。 请每个人参考以下 3 个标准，从上述 10 项中挑选出自己认为最应该解决的 2 个问题： • 凭借我们的能力能够解决的问题（具有一定可行性）。 • 解决后积极效果显著的问题。 • 我们期盼解决的问题。 请大家根据这 3 个标准，在 1 分钟内选出 2 个问题，计时开始！	

时间	会议流程	备忘
	大家可以想一想，哪一个问题解决后，会议会推进得更加顺利，员工工作起来也会更有动力呢？	在大家考虑的过程中说些什么，避免冷场。
	时间到！请大家表决。我会从左向右念出白板上的每一个问题名称，请选择了对应问题的人举手示意。	
	请选择了“没有人提意见”的人举手。好的，这个问题得到了5票。	在白板上相应问题旁用“正”字计数。
	下一个问题是“会议目的不明确”。有人觉得我们应该优先解决这个问题吗？好像没有。然后是问题“有的人不关注会议”。这一项得票不少，共计4票。	按顺序进行询问。

时间	会议流程	备忘

好的，表决完成。大家的票数基本都集中在了没有人提意见、会议目的不明确和有的人不关注会议上。那么，请问大家是基于什么样的考虑做出这样的选择呢？从 A 开始发言。

A

我投给了没有人提意见和有的人不关注会议。既然召开了会议，大家就应该尽量多提意见，将精力投入到会议上。

园部

我能明白，这 2 个问题确实亟待解决！好的！大家鼓掌。接下来请 B 发言。

掌声响起。

B

我投给了没有人提意见和会议目的不明确。有的人不提意见，是因为各种外界

时间	会议流程	备忘
	因素限制他们提意见，对此应该加以改善。另外，会议目的不明确会让大家搞不清楚会议到底为什么召开，从而浪费了时间。	
	园部：会议目的不明确确实让人烦恼，也会为大家带来压力。好的，大家鼓掌！ 接下来 C 发言。	掌声响起。 用这种方式询问每个人的想法。

时间	会议流程	备忘
	园部：谢谢大家！让我们再进行一轮讨论，各位在听取了别人的意见之后，又产生了什么新的想法吗？这回从相反的方向轮流发言吧，E 先说。	

时间	会议流程	备忘

E：我个人非常不喜欢目的不明的会议，看来大家的想法和我差不多。但现实中，仍然有很多会议目的不明确，因此一定要尽快调整。

园部：你说得对。会议目的如果不明确，大家就没有讨论的欲望了。大家鼓掌！

（备忘：这里也要同样询问每一位参会人员的看法。）

（备忘：掌声响起。）

现在还有 7 分钟的时间供大家自由讨论，有什么想法尽管提。

A 有什么要说的吗？

时间 会议流程 备忘

我选的是没有人提意见和有的人不关注会议。如果有参会人员摆出一副漠不关心的样子的话，会议氛围就会很差，也会对工作带来消极的影响。

A

我同意。也不知道这些人是不是对会议主题没有兴趣，才表现出了漠不关心的样子。

D

有可能。不过公司是工作的地方，不管有没有兴趣，员工都应该认真参会。

B

有的人也可能是因为对手头的工作和部门有不满情绪，消极怠工，自然也就对会议没有兴趣。

C

我觉得一些参会人员漠不关心的行为对认真参加会

E

议的人来说太没有礼貌了。本来我还觉得会议目的不明确是最严峻的问题，这么一看有的人不关心会议这个问题同样应该引起我的重视。

会议组织者可以为参会人员设置一段自由讨论的时间。在这个过程中，会议组织者不必干预，而是让大家自由发言。但如果讨论的方向严重偏离了主题，会议组织者仍需出面将讨论引回正轨。

13:45 ▶ （7 分钟后）

园部

好的，感谢大家！目前所有人的意见都集中在了会议目的不明确和有的人不关心会议这 2 点上，暂时还看不出来哪一点更重要。不过不论最后会议决议要解决哪一个问题，都能在往后使会议质量得到明显的改善。

因为规定的结束讨论时间就要到了，所以根据规则，由我来做最终决定。

时间　会议流程　备忘

13:47 ▶ **做出决定**

园部

再次感谢大家提供了众多宝贵的意见。本次会议中，我决定将有的参会人员不关心会议内容作为当下亟待解决的问题。

如果有的人在参会时表现消极，对会议内容也毫不关心的话，就会影响到其他人，使参会人员的整体积极性有所下降。在听取大家的讨论后，我认为应该先解决这个问题。

当然，会议目的不明确同样是一个需要解决的问题，公司后续也会对此投入精力。希望大家都能为改善会议质量贡献自己的力量。

要点

! 要强调自己听取大家的讨论

在充分听取大家的意见后做出的决定，体现了会议组织者对参会人员的尊重，能够有效提升参会人员对会议的认可度。

时间　　会议流程　　备忘

13:50 **总结**

回顾（分享心得）

园部

在会议最后，让我们一起回顾一下本次会议的主要内容。

首先我要感谢大家的支持，使本次会议按照议程圆满完成任务。

接下来我希望每个人说一句对会议的感想。还是从 A 开始。

A

好的。今天的会议虽然只有 1 小时的时间，但顺利确定了之后的工作任务，会议效率也将得到提高。一开始我还不太了解 KJ 法，但现在我发现它的确很有用。大家在便笺上写下的意见，在经过整理后让人一目了然。

时间	会议流程	备忘
	园部：KJ法确实很好用。谢谢，大家鼓掌！接下来是B发言。	掌声响起。
	B：今天非常感谢大家，困扰了我许久的事情终于得到了解决。既然我们已经确定了问题，就应该尽快着手改善，很好奇大家会不会变得对会议越来越上心。	
	园部：没错！解决方案要尽快实施才行。谢谢B！C也来说一说吧。	掌声响起。
	C：今天的会议很有意义！	
	园部：很好，谢谢C！下面请D来发言。	掌声响起。

时间	会议流程	备忘

D

首先我要谢谢大家！每个人都抛出了话题，让我可以轻松地表达出自己的意见。而且大家的意见也很有借鉴意义。

园部

谢谢D！最后请E发言。

E

以前在开会时，我总感觉大家的发言机会不均等，但这次完全不一样。通过运用KJ法，大家都能平等地提出意见。

最后，会议组织者再次对会议内容进行总结。

园部

是的，确实很平等，感谢大家的认可。在大家的支持下，本次会议可按时结束。在下次会议召开前，我会整理好本次会议的内容并分享给大家。

时间	会议流程	备忘

下次会议定在1周之后的 × 月 × 日，× 时，主要议题是讨论有的参会人员不关心会议内容的原因和解决方案，会议将依照问题解决的流程进行。本次会议到此结束，谢谢大家！

13:55 ▶ 结束（提前 5 分钟）

要点

多说“感谢”

多表达感谢，有助于参会人员达成共识。当参会人员提出意见、认真讨论后，会议组织者要有意识地表达感谢。这个小细节能够令沟通更加顺畅。

听取全体参会人员的感想

会议组织者一定要问一问每一位参会人员的感想，可以说：“大家谈一谈对会议的感想吧，每个人一句就行。”

一个人发言后，其他人要一起鼓掌

一个人发言后，其他人要送上掌声。也许有的人会害羞，但人在得到认可后内心一定是喜悦的。若现场有很多领导或者老员工，会议组织者应视情况进行鼓励。

告知参会人员会议已按时结束

若能按时结束会议，参会人员会认为会议组织者十分可靠。

● 会议精进秘籍

有一些小失误是正常的吗

会议“直播”结束了，大家掌握到引导会议的各类技巧了吗？复习一下，其实并不难，**只要按照事先准备的会议议程进行引导即可。**会议议程包括以下几个方面：

1. **会议名称**
2. **会议目的**
3. **开场**
    - 介绍会议议程
    - 破冰
4. **内容讨论**
    - 找出会议问题
    - 确定主要问题
5. **总结**
    - 回顾并分享心得

掌握了要点之后，我们就可以大胆实践。也许有的新人在刚开始担任会议组织者时会有很多顾虑，例如担心会议能否按议程计划完成，自己设计的问题是否合理，KJ 法是否真的有效等，但其实，只要会议组织者掌握了本书提到的会议引导技巧，就不会犯下太严重的错误，鼓掌、暖场等细节的纰漏不必深究，只要以后多注意即可。

会议组织者在使用 KJ 法时，比较容易遇到的问题是不知道怎样利用便笺收集意见，不知道应该把某个意见归入哪一类，这就需要会议组织者通过不断的实践积累经验。要记住，失败乃成功之母。坚持过后一定能见到曙光。

参考阅读

『世界で一番やさしい会議の教科書　実践編』榊巻　亮（日経 BP）

『世界で一番やさしい会議の教科書』（入社 2 年目の女子がグダグダ会議を変える！）榊巻　亮（日経 BP）

『会議ファシリテーションの基本が身につく本』釘山健一（すばる舎）

『リーダーのためのファシリテーションスキル』谷　益美（すばる舎）

『会議を変えるワンフレーズ』堀　公俊（朝日新聞出版）

『人を動かすファシリテーション思考』草地　真（ぱる出版）

『ファシリテーターの道具箱』森　時彦（ダイヤモンド社）

『ザ・ファシリテーター』 森　時彦（ダイヤモンド社）

『ザ・ファシリテーター2』 森　時彦（ダイヤモンド社）

『ファシリテーター養成講座』 森　時彦（ダイヤモンド社）

『組織変革ファシリテーター　ファシリテーション能力「実践講座」』 堀　公俊（東洋経済新報社）

『ファシリテーションの教科書』 グロービス（東洋経済）

『最高の結果を出すファシリテーション』 山田　豊（ナツメ社）

『紙一枚で身につく！外資系コンサルのロジカルシンキング』 大石　哲之（宝島社）

『ロジカルシンキングが身につく入門テキスト』 西村　克己（中経出版）

『ロジカルシンキングの技術』 HR インスティテュート（PHP）

『問題解決で面白いほど仕事がはかどる本』 横田　尚哉（あさ出版）

『問いのデザイン』 安斎勇樹・塩瀬隆之（学芸出版社）

『プロの課題解決力』 渡辺　パコ（かんき出版）

未来，属于终身学习者

我们正在亲历前所未有的变革——互联网改变了信息传递的方式，指数级技术快速发展并颠覆商业世界，人工智能正在侵占越来越多的人类领地。

面对这些变化，我们需要问自己：未来需要什么样的人才？

答案是，成为终身学习者。终身学习意味着永不停歇地追求全面的知识结构、强大的逻辑思考能力和敏锐的感知力。这是一种能够在不断变化中随时重建、更新认知体系的能力。阅读，无疑是帮助我们提高这种能力的最佳途径。

在充满不确定性的时代，答案并不总是简单地出现在书本之中。“读万卷书”不仅要亲自阅读、广泛阅读，也需要我们深入探索好书的内部世界，让知识不再局限于书本之中。

湛庐阅读 App：与最聪明的人共同进化

我们现在推出全新的湛庐阅读App，它将成为您在书本之外，践行终身学习的场所。

- 不用考虑“读什么”。这里汇集了湛庐所有纸质书、电子书、有声书和各种阅读服务。
- 可以学习“怎么读”。我们提供包括课程、精读班和讲书在内的全方位阅读解决方案。
- 谁来领读？您能最先了解到作者、译者、专家等大咖的前沿洞见，他们是高质量思想的源泉。
- 与谁共读？您将加入优秀的读者和终身学习者的行列，他们对阅读和学习具有持久的热情和源源不断的动力。

在湛庐阅读 App 首页，编辑为您精选了经典书目和优质音视频内容，每天早、中、晚更新，满足您不间断的阅读需求。

【特别专题】【主题书单】【人物特写】等原创专栏，提供专业、深度的解读和选书参考，回应社会议题，是您了解湛庐近千位重要作者思想的独家渠道。

在每本图书的详情页，您将通过深度导读栏目【专家视点】【深度访谈】和【书评】读懂、读透一本好书。

通过这个不设限的学习平台，您在任何时间、任何地点都能获得有价值的思想，并通过阅读实现终身学习。我们邀您共建一个与最聪明的人共同进化的社区，使其成为先进思想交汇的聚集地，这正是我们的使命和价值所在。

图书在版编目（CIP）数据
消灭一切无聊的会议 /（日）园部浩司著；李司阳译 . — 杭州：浙江科学技术出版社，2025. 4. — ISBN 978-7-5739-1737-9
Ⅰ. C931.47
中国国家版本馆 CIP 数据核字第 20250K19K1 号

书　名　**消灭一切无聊的会议**
著　者　［日］园部浩司
译　者　李司阳

出版发行　**浙江科学技术出版社**
地址：杭州市环城北路 177 号　邮政编码：310006
办公室电话：0571－85176593
销售部电话：0571－85062597
E-mail:zkpress@zkpress.com
印　刷　唐山富达印务有限公司

开　本	880mm×1230mm　1/32	**印　张**	6.625
字　数	154 千字		
版　次	2025 年 4 月第 1 版	**印　次**	2025 年 4 月第 1 次印刷
书　号	ISBN 978-7-5739-1737-9	**定　价**	69.90 元

责任编辑　余春亚　　**责任美编**　金　晖
责任校对　张　宁　　**责任印务**　吕　琰